ele-king
cine series

『マーベルズ』と
マーベル映画の15年

目次

Phase4

Phase5

COLUMN

INTRODUCTION

２００８年公開の『アイアンマン』から最新作『マーベルズ』まで15年。マーベル・シネマティック・ユニバース（ＭＣＵ）は私たちに映画史上でも類のない世界を見せてくれてきました。その間に制作された映画は三十三本。ドラマも合わせると五十本近くにのぼります。

アメリカも世界も、映画を取り巻く状況も大きく変わってきた中、ＭＣＵはさまざまな形で時代と並走し、また映画界全体に大きな影響を与えてきました。

すでに全体像を掴むのも難しくなり、「スーパーヒーロー疲れ」といったことも言われるようになってきた昨今、本書では改めてコンパクトにこれまでの流れを概括。そしてＭＣＵが我々になにをもたらしてきたのかを考えます。

最新作『マーベルズ』

MCU世界で最強のヒーロー、キャプテン・マーベルに迫る新たな危機。
そして、彼女を慕うエージェントであるモニカ・ランボーと、彼女に憧れるミズ・マーベルの3人が入れ替わる事態が発生。
はたしてこのチームに何が起こるのか……？

本作の監督は『キャンディマン』(21)などで知られる新鋭のニア・ダコスタ。彼女はウェブマガジン「Total Film」のインタヴューに応えてスーパーヒーロー疲れは「確実にある」としながらも、新作はほかのMCU映画とはかなり違っており、「本当にへんてこでばかげている」と語っている。2025年初頭まで続くことが予定されている「フェーズ5」の折り返し地点ともなりそうな本作で、わたしたちは何を目撃するのだろうか。

マーベルズ（2023）
監督：ニア・ダコスタ
脚本：ニア・ダコスタ、ミーガン・マクドネル、エリッサ・カラシク
製作：ケヴィン・ファイギ出演：ブリー・ラーソン、テヨナ・パリス、イマン・ヴェラーニ、ゾウイ・アシュトン、パク・ソジュン、サミュエル・L. ジャクソン

原作に見る『マーベルズ』登場人物たち

中沢俊介

なかなか難しいお題である。MCU作品にはよくあることだが、本稿を書いている9月下旬の段階で、内容に関して、予告編以外の情報がほとんど見当たらない状態なのだ。ともあれ、まずは本作の主要人物のコミックにおける近況をざっとさらってみよう。

●キャロル・ダンヴァース／キャプテン・マーベル

映画『キャプテン・マーベル』（19）の公開に先立つ18年に刊行された『The Life of Captain Marvel』で、彼女の出自が変わった。それまではとある装置の爆発によって異星種族クリー人の遺伝子と結びついて力を得た設定だったのが、実はそもそも母親がクリー人だったと明かされたのだ。その後、20年に異父妹ローリ＝エルが登場。屈強ながら心優しきクリー人戦士である彼女と絆を深めた。

●カマラ・カーン／ミズ・マーベル

ドラマ『ミズ・マーベル』(22)配信後、スパイダーマン系雑誌での出番が増えていった彼女は、今年5月にメリー・ジェーン・ワトソンをかばって命を落としてしまう。しかし、その2カ月後にX-MEN系雑誌で復活。しかも、それまで超人種族インヒューマンズの血を引いている設定だったが、さらにミュータントでもあると判明して、X-MENの一員になる。8月に創刊した『Ms. Marvel: The New Mutant』で、正体を隠しつつ大学生活を始めたところだ。同作の脚本には、ドラマで彼女を演じた女優イマン・ヴェラーニが参加している。なお、ミュータントとしての能力はまだ不明である。

●モニカ・ランボー

配信ドラマ『ワンダヴィジョン』(21)で、ついに成長した姿を見せた彼女は、コミックでは当初キャロル・ダンヴァースに先立つ2代目キャプテン・マーベルだった(キャロルは7代目)。1982年にニューオーリンズの沿岸警備隊員として初登場して、職務中の事故でエネルギー体と化す能力を得た。フォトン、パルサー、スペクトラムと、何度もヒーロー名を変え、アベンジャーズでリーダーを務めていた時期もある。

映画『マーベルズ』の後ろ倒しにされる前の公開日を意識したとおぼしき去年の12月には、彼女を単独で主人公に据えた初めての雑誌『Monica Rambeau: Photon』が全5号で刊行。そちらでは、心に不安を抱えていた彼女の力が暴走して、次元が崩壊の危機を迎えた。

●ダー・ベン

予告編でザウイ・アシュトンが演じていた本作の敵にあたるクリー人女性。コミックでは1990年代初頭に二度登場しただけのキャラクター（男）である。クリー帝国の将軍で、初登場時にクーデターを起こし、皇帝になるが、次の出番であっけなく殺された。映画ではほぼ独自のキャラクターになると思われる。

今年2月のインタビューで、MCUを統括するマーベル・スタジオの社長ケヴィン・ファイギは、コミック好きは『アベンジャーズ：クリー／スクラル・ウォー』の要素を映画『マーベルズ』に見つけるだろうといった意味の発言をしている。同作は、クリー人とスクラル人の宇宙規模の抗争に地球が巻き込まれて……という筋立ての、1970年代初頭のコミックである。とはいえ、両種族の抗争は映画『キャプテン・マーベル』で扱われているし、スクラル人が地球人になりすます展開も配信ドラマ『シークレット・インベージョン』(23)で既出だ。コミックにならって、クリー人が地球を征服するために、人類を原始人に退化させたりするのだろうか。それとも、まさか謎の力〝デスティニー・フォース〟で、往年のヒーローの一団が召喚されるとか……?

そういえば、『クリー/スクラル・ウォー』に登場した初代キャプテン・マーベル(マー=ベル)は、同作に先立って、虚無の異次元ネガティブゾーンに閉じ込められた。そして〝こちら側〟の世界で活動するには、地球人の少年リック・ジョーンズがはめた腕輪〝ネガバンド〟を打ち鳴らし、次元を超えて位置を交換しなければならない設定になっていた。要するに、一種の変身である。映画『マーベルズ』の物語の発端になっているらしき、3人のヒーローが力を使うたびに位置が入れ替わる設定の元ネタは、ここらへんにあるのかもしれない。

対談

ＭＣＵを振り返る――奇跡の15年

光岡三ツ子　森直人

ＭＣＵの成り立ち

森　まずＭＣＵの成り立ちからおさらいしていきたいと思います。ケヴィン・ファイギがマーベル・スタジオの社長に就任したのが２００７年。でも２００５年にはマーベル・スタジオ製作、パラマウント映画配給という形で、マーベル作品の映画を作るという発表は、その社長就任前にあったと思います。

光岡　ケヴィン・ファイギの社長就任って、私からしたらすごい最近の話なんですけど、その前にアヴィ・アラッドという人が責任者だった時代が長かったんです。マーベルの映像を作る部門は70年代からあって、90年代に本格的に映画が作られ始めるわけですが、そこからマーベル・シネマティック・ユニバース（ＭＣＵ）というものを独自に作ることになったことについては、確かにケヴィン・ファイギのアイデアだと私も理解してます。アヴィ・アラッドはサム・ライミの『スパイダーマン』三部作や『X-MEN』のほか、『ゴーストライダー』（07）『パニッシャー』（08）などたくさんの映画を作ってきました。他のスタジオと一緒に作ればマーベルとしてはリスクも少ないし量産もできるし、これがベストの道だと思っていたらしいです。しかし自社で資金を調達してオリジナル映画を作るべきだという意見が社内で大きくなり、ケヴィン・ファイギもこれに賛同していた。結果としてアヴィ・アラッドは辞めることになり、やがてケヴィン・ファイギが責任者という形になった。という流れだと思います。

森 マーベル・スタジオ設立は93年ですよね（当時は「マーベル・フィルム」）。最初はうまく行かず一回倒産してしまう。

光岡 作品を映像化したいというのはスタン・リーがずっと持ってた願いだった。70年代にコミックを作っていたマーベル・コミックスから、映像製作部門を作って、『キャプテン・アメリカ』（90）とか『ファンタスティック・フォー』（94）を作るんですが、アニメ部門以外は全部失敗に終わった。うまくいかないまま存続してたわけですね。そこへアヴィ・アラッドが現れてライセンス権を映画会社に売るというビジネスを確立させた。

それまではヒーローものは子供向けのものだとみんな思ってるのでマーベルの価値をわからせるのが難しかったのと、CGが登場するまではスーパーヒーロー映画は作るとものすごいお金かかる時代だったので、どこも手を出さなかった。しかし90年代に入るとCGで前よりは安く作れるようになって、そこで成功したのが『ブレイド』（98）です。そんなに高くない製作費でもCGを効果的に使ってかなり面白い作品が作れて、子供向けでなく大人向けとして評価された。それが初めにあって、そこからこれ行けるんちゃうん？って感じでやっていった。

森 『ブレイド』は個人的にも相当インパクトがありました。99年の『マトリックス』に先駆けた衝撃でしたね。やはりハリウッドの大作路線にとってCGの成熟は本当に決定的。マーベルも『ブレイド』から『X－メン』（00）『スパイダーマン』（02）とヒット作が続きますし、質も非常に高かった。ケヴィン・ファイギが最初にアソシエイト・プロデューサーとしてマーベルに関わったのは『X－メン』の一作目でしたっけ。

光岡　はい、彼は大学生のときにリチャード・ドナー監督の奥さんで『X－メン』シリーズのプロデューサーのローレン・シュラー・ドナーの助手として業界に入ったんですね。リチャード・ドナーのファンだったのかな。

森　ケヴィン・ファイギは元々マーベルコミックのガチなオタクだとは聞きますけども、実際どうなんでしょう？

光岡　一コミックおたくとして言うと、ケヴィン・ファイギはもちろんコミックのことをよく知ってるけど、子供の時から入れ込んでたオタクだったという感じは受けなくて。

森　そうなんだ。

光岡　どれかのキャラクターに入り込んだり、どれかのストーリーに入り込んだりすると、作品作りには必ずしも良くないので、それでいいと思います。ただ、リチャード・ドナーとローレン・シュラー・ドナーから受け継いでいる、作品世界を一番大事にする姿勢がケヴィン・ファイギの一番大事な要素ですね。

森　MCUが彼の情熱から始まったとすると、ケヴィン・ファイギをどう見るか、どう評価するかというのはキーポイントになってくるはずですが、僕にはほとんど「クレジットだけ」の存在でもある（笑）。

光岡　ケヴィン・ファイギはすごく現代的なプロデューサーで、あんまり自分が何をやったって言わないんですよね。かなり曖昧にしてる。あまり具体的に言わないので、どこまで彼がやってどこまで考えたのかがよくわからないんです。何をやってる後ろにもケヴィン・ファイギがいるから、彼がやってるんだろうと思うしかないんだけど、あまりにも自分の思想とかを喋らないのでよくわからない。

『アイアンマン』の衝撃

森　MCUのスタートは2008年5月全米公開の『アイアンマン』になります。『アイアンマン』一発目とか『インクレディブル・ハルク』（08）が始まった当時の光岡さんの印象はいかがでしたか。

光岡　『アイアンマン』を初めに観た時は、それまでの『ファンタスティック・フォー』とか『デアデビル』とかああいうレベルの映画だと思ってたんですよね。ロバート・ダウニーJr.の復帰作だけど、みんなが「復帰おめでとう」とか言ってるわけでもなく。当時一番話題になってたのは、『アイアンマン』一作目の敵役オバディア・ステインを演じたジェフ・ブリッジスでした。ジェフ・ブリッジスの新作みたいな捉え方だったんです。そのくらい、主役は目立たなかった。「エンターテイメント・ウィークリー」みたいな大手のエンタメ情報誌も、そんなに制作費も高くないみたいだし、たぶん興行収入も『デアデビル』くらいの規模でしょうみたいなことを書いてました。アイアンマンってキャラクター自体が知名度ないし、中規模で着地する映画でしょっていう。私もそう思って観に行ったら、とんでもなく面白い。

森　ハイクオリティの娯楽映画でしたね。やっぱり出来の良さには驚かれたと。

光岡　公開してすぐに興行収入も最初に言われていたレベルじゃ考えられないレベルに伸びたんですよね。蛇足ですけどラストシーンで「私がアイアンマンだ」って言うじゃないですか。原作でもトニー・スタークは自分がアイアンマンだって名乗るんだけど、正体を隠していた時期がずっと何十年もあったんですよ。それなのに一作目の映画のラストでそれをいきなりやっちゃったから、私もう驚いちゃって。あの映画の面白さとかCGのすごさとか、コミックと違うことをやる新しさ、全てを含めて何か新しいことが始まったみたいなのがありましたよね。

森　僕はアイアンマンを一発目の主人公にしたこと自体が驚きでした。スーパーヒーローとしては地味だしオッサンだし、長年あんまり人気ないキャラだったから（笑）。見事だったことの大きなひとつは、テーマ曲にブラック・サバスの「アイアンマン」を持ってきたこと。

光岡　あれもインパクトがあった！

森　すべてのアイデアが綺麗に嵌まってますよね。薬物問題で低迷していたロバート・ダウニーJr.の主演起用は英断でしたが、彼の復帰劇も、軍事産業の担い手だったトニー・スターク社長の「ダーティーな大人がヒーローになる」展開と巧く重なった。とはいえ日本では『インクレディブル・ハルク』が先に公開だったし、まだユニバース的なイメージはなかったです。そこから次の作品（『アイアンマン2』10）まで二年ぐらい空いたし。ただいま思えば、この時期はクロスオーバーの世界観を準備する助走段階だったとも言える。

光岡　私はアメコミというかマーベルの仕事を専門的にやるようになったのは、『スパイダーマン』からなんですけど、やっぱりMCUから仕事が増えていったところがありますね。それまではずっと淡々とやってる感じで、『アベンジャーズ』（12）が来るまでは特に反響はなかった。2012年に同窓会に行ったら、みんな私のとこに来て『アベンジャーズ』見たよって言うんですよ。私の返答は「え、どうして見たの？」（笑）。

森　『アベンジャーズ』一作目はブレイクポイントとして大きいですね。フェーズ1の締めですが、むしろ実質MCUはあそこから始まったようなイメージ。アベンジャーズというフォーメーションが一本の映画の中に放り込まれて、スーパーヒーロー大集合。「これをやりたかったのか」という企画のヴィジョンが明確に提示された作品でした。映画もお祭り的テンションが半端なかった。そういう印象はアメリカでも同じですか。

光岡　ディズニーの全世界的な体制として、そこから「本格的に売るぞ」となったのは確かにありましたね。あのときにマーベルというブランドを売っていくという戦略ができたように見えました。

例えばマーベルのロゴ。あれもディズニーが戦略的に作ったロゴで、とにかく大量に作って売りまくって、流行ってるという既成事実を作るというディズニーの得意のやり方をマーベルに対してもやったんです。『アベンジャーズ』のヒットがあって、ディズニーと手を組むのは成功だったんだなと思いましたね。

森　『アベンジャーズ』からウォルト・ディズニーの配給になる。ディズニーになって現象的にも作品的にもネクスト・レベルにいった印象はありますよね。

DCとの関係

森　ライバルにDCという存在があります。『アイアンマン』一作目のすぐあと、2008年7月に『ダークナイト』が全米公開されましたね。『アイアンマン』と『ダークナイト』だと、全く方向性が違うところもあるんですが、批評だけでなく興行的にも、実はシリアスな強度を持った『ダークナイト』の方が上を行きました。出だしの印象だと、マーベルがアイアンマンをはじめ地味なキャラクター群からスタートしたのに対し、DCは一番人気のバットマンを出してきた。作品も9・11以降のアメリカ――テロリズムの時代に入った正義や秩序の政治的混乱をよく表象している傑作として『ダークナイト』は評価されています。こういった同時期のDCの爆発力や画期性を、マーベルはどういうふうに意識していたんでしょうか?

光岡　DCの出方を冷静に観て相手のしないことをしようということはしっかり考えてますよね。これは歴史的にもずっとあったことでした。DCはアメリカン・コミックのスーパーヒーローを作った元祖の会社です。1938年にスーパーマンを発明してから、アメリカ文化は大きく変わったんですね。それまでスーパーマンみたいな存在はいなくて、出るなり爆発的ヒットになってキャラクターグッズが作られた。それからラジオドラマ、続いて連続映画――最初に作られたのは、スーパーマンの真似してできた別の会社のシャザム（キャプテン・マーベル）というキャラクターなんですけど――その後テレビドラマと、今で言うマルチメディア展開。全部同時にやったわけではないですが、コミックだけじゃなくて他のメディアでも楽しんでグッズを買う。スーパーマンはそういう現代的な楽しみ方を開拓したキャラクターだった。

この成功にあやかろうといっぱい出版社ができます。シャザムを持ってたフォーセット・コミックスとか、もう有象無象できて、そのうちの一つがマーベル（当初の名称はタイムリー・コミックス）だった。キャプテン・アメリカ以外はあんまり有名なキャラクターも出ない弱小出版社だったんですよね。だけどスタン・

リーという才人が出てきて、スパイダーマンをはじめ時代にマッチしたキャラクターを作っていって、今のマーベルができたんです。その後もテレビドラマとかゲームとか、まずDCが開拓するんですが、後から追っていくマーベルの方がヒットを出しちゃうんですね。

リチャード・ドナーの『スーパーマン』、ティム・バートンの『バットマン』と、これはDCというよりワーナー・ブラザーズのスタジオの話になってくるんですけど、ワーナーは1人の監督に信任しちゃう。

森　そうなんですよね。

光岡　コミックは原作通りに作ってもみんなが見れるほど面白いものになるのは難しいので、自分なりのビジョンを持ってそのキャラクターを再解釈できる本当に才能ある監督に任せないと難しい部分は確かにあるんです。だけどそれを任せすぎちゃって失敗する。

森　『ダークナイト』は素晴らしかったけど、そのあとクリストファー・ノーランの製作・原案で、ザック・スナイダー監督の『マン・オブ・スティール』(13)に流れちゃう。そこから「DCエクステンテッド・ユニバース」と呼ばれるものに展開していきますが、ノーランとスナイダー、特に後者の作家性や我が儘に引きずられ過ぎて出だしから大失敗してしまった。

光岡　大失敗するのはともかく、任せたはずなのにやっぱり辞めますみたいなことを繰り返すからファンにもすごいヘイトが生まれちゃって。というのが現状ですよね。

ルッソ兄弟の登場

森　僕がMCUにぐっとのめり込んでいったのは、『キャプテン・アメリカ／ウィンターソルジャー』(14)がきっかけなんです。あれは本当にびっくりした。監督にアンソニー&ジョン・ルッソ兄弟が配されたことを当時はさほど認識してなかったんですが、まもなく特別な名前として意識するようになりました。彼らが投入されたことで、また一段MCUのレベルやステージが変わったのは明らかですよね。

光岡　製作をコントロールできてないワーナー。マーベル・スタジオはたぶんそれを見て、スタジオの全面的コントロールが必要だという方針になったのでは。ジョス・ウェドンは本当にコミックオタクで、マーベルでもコミックを何本も書いてますが、『エイジ・オブ・ウルトロン』（15）はコミックオタクがゆえの失敗かなと私も感じたんです。スタジオもそう感じたんじゃないかな。ウェドンはスタジオでの態度に問題があったとか、見えない問題もあったかもしれないですけど。ルッソ兄弟に目をつけたのは、まずテレビで仕事をしてるからスタジオのコントロールに対して自己主張が激しくないという職人的なところですよね。あとコミックには詳しいけど、すごいオタクではない。抑制が利いた表現ができる。彼らの起用はマーベル・スタジオを象徴した人選という感じで、その当時も面白いなと思いました。

森　改めて翻ると、『ダークナイト』でDCとノーランがやったのは「アメリカを語る」引いては「世界構造を語る」ということ。特に21世紀――9・11以降のアメリカをめぐるグローバルな時代性や政治性と密接に併走することが、まさしくヒーロー映画の新しい使命であり、「正義とは何か」というアポリアを一番語れるジャンルでもあるところがテーマとして上がってきた。それを最初に、極めてポリティカルな視座でやり切ったのが『ダークナイト』だと思うんです。

一方で、マーベルの『アベンジャーズ』第一作はあれだけヒーローを召集しながら、むしろ政治的な部分は脱臭された脳天気なエンタメ大会に仕上げていた。ところがルッソ・ブラザーズはシリアスな同時代性の反映を前面に押し出すことで、結果的に『ダークナイト』のポリティカル路線、アメリカや世界構造を語るという主題を最良の形で受け継いだ気がするんですね。それが激動のアメリカの中で国民的な人気を得て、同時にグローバルな評価も巨大なものになっていったという印象があります。

光岡　ルッソ兄弟もファイギと同じであまり思想的なことを深い内面のことを話さないタイプなので、どうしてMCUであそこまで成功できたのかよくわからない部分が大きいです。
ケヴィン・ファイギがルッソ兄弟に目をつけたのも、ファイギの娘さんが「コミ・カレ!!」というドラマの大ファンで、一緒に見てたら「これ面白いな」となり、「コミ・カレ!!」出身の作家さんを監督に起用したんだよとはインタビューで言ってるけど、「コミ・カレ!!」のどこが気に入ったのかを語っているところは見つけられないんです。あんまり具体的なことを言う人じゃないので。
「コミ・カレ!!」はいろんなポップカルチャーの要素をパロディ的に大量に入れて、スピーディーに展開していくドラマです。コミックは大体そうなんですけど、ひとつの要素を突き詰めるよりは、いろんな要素を取り入れながら作品を構築していくのがマーベルっぽいと思ったんじゃないかな。また、キャラクターに対してかなり客観的な引いた目で見れるところも彼らの作風だと思います。

森　まさに客観性、つまり批評的な目線ですよね。思えば最初の『アイアンマン』から、おなじみのマーベルキャラクターをフレッシュに再定義するMCUの力は際立っていたわけですが、それが最もスリリングだったのが『シビル・ウォー／キャプテン・アメリカ』(16)からのフェーズ3です。もちろんルッソ・ブラザーズの他にも、ブラック・ライヴズ・マターと連動した『ブラックパンサー』(18)があり、フェミニズム映画としての『キャプテン・マーベル』(19)がある。映画館にMCUの新作を見に行くたびに世界水準の時代性を感じられ、これぞ一番先端にあるエンタテイメントだと興奮していたのがこのフェーズ3でした。ちょうどオバマ政権からトランプ政権の流れと重なってるところもあって、もちろん連続活劇としての魅力を十全に発揮しつつ、まるでニュースフィルムのような寓意にも見えた時期でした。

光岡　マーベルに限らず、アメリカのスーパーヒーローコミックス自体、第二次世界大戦が始まる前にジャンルが開発されて、今日までやってるわけなんです。どんどん新しいキャラクターが出てるとはいえ、一番人気があるキャラクターは黎明期に作られたキャラクターばかりなんですね。だから何十年選手なんですけど、ということは必然的に時代に合わせて再定義されていくのがキャラクターの命題としてあるわけです。そうじゃなければたぶん今頃は懐かしいキャラクターとして雑貨とかに残ってるだけの存在ですよね。

今も連載して作品が作られてるということは、常に時代ごとに再定義されてきたからなので、現代社会とリンクしている。別に社会問題だけでなく、読んでる人たちが自分の隣の家で起こってるように感じ取れるようなストーリーが展開されている。

リチャード・ドナー、ティム・バートンたちがリアリティを持ち込んだというのはあったんですけど、もっと普遍的なリアリティですよね。アメリカの娯楽物にはみんなありますけど、世界中の誰が見てもだいたい共感できるようなテーマ。アヴィ・アラッド時代と違うのはそこなんですよ。グッズを売るために作ってたんですね、それまでは。

グッズ・ビジネスからの脱却

森 グッズを売るためのヒーロー映画というのは、身も蓋もなくそうなんですね。

光岡 日本のヒーローものとかもそうじゃないですか。制作者が何を考えてるかはともかく、会社としてはグッズを売るために作っている。私が今のDCで残念なのは、その考えから抜け切れてないように思えるんですね。もうそういう時代じゃないんですけど、成功体験が大きすぎたかな。

森 だからビジネスモデル戦略としても、マーベルの優位性はそこの世界把握に敏感だったところなんでしょうね。旧来のキャラクター人気投票みたいなことで言うと、アベンジャーズって割とスカばっかりの寄せ集め(笑)。それを使って逆転劇を起こした。

光岡 グッズのために作っていたら、今のMCUのメンバーはキャプテン・アメリカとかアベンジャーズの中心メンバーはともかく、他は絶対選ばれないようなキャラばっかりですね。ドクター・ストレンジとかアントマンとか。

森　結果的に端っこのキャラクターが人気者になった。

光岡　なんでドクター・ストレンジやアントマンが選ばれたかというと、今の社会の中でフィットさせやすいキャラクターというのもあったかもしれないけど、それ以前にマーベルの基本的なキャラクターだからなんですね。ファンタスティック・フォーが最初なので本当はこの中にいないといけないんですけど。その後にアベンジャーズのキャラクターたちが生まれ、アントマンも入って、ドクター・ストレンジやスパイダーマンというキャラクターたちが基礎を作る。Xーメンはちょっと後なんです。今は人気ないかもしれないけど、本当にマーベルを作ってきた基本的なキャラクターたち。コミック読者はその事実にも感動しちゃうんです。

森　なるほど。実はコミック原理主義に忠実にやっているという素晴らしさがあるんですね。さっきはMCUの卓越として政治性の部分を強調しましたけど、もちろん魅力はそれだけではない。ジェームズ・ガンの『ガーディアンズ・オブ・ギャラクシー』シリーズも独自路線という感じがします。

光岡　マーベルはバラエティーに富んだ監督の人選をしていて、有名監督も起用するし、若手も起用するし、テレビ出身者を起用するし、いろんなことを一回はトライする。そんな中にジェームズ・ガンもいたということですよね。もちろんジェームズ・ガンはオタクとして知られていて、会議に呼ばれたときにたくさんアイデアを持っていて、「面白い、やらせよう」となったんだろうとは想像できるんですけど、そこがマーベル・スタジオらしい。普通そうは思っても、トロマ出身の監督にはやらせないよね(笑)。だってガンのスーパーヒーローものといえば『スーパー！』(10)ですよ。マーベルはもともと『ファンタスティック・フォー』がやりたかったけど当時は映画化権がFOXにあったために使えなかった。宇宙で活躍するヒーローがマーベルの世界観では不可欠だったので、ガーディアンズ・

オブ・ギャラクシーに白羽の矢が立った。マイナーな存在だったんですけど、2000年初頭にマーベル・コミックスであのメンバーでリフレッシュして描いた連載がスマッシュヒットしたという経緯はあったんですが、とにかく知名度は相当低かったんですよ。それをジェームズ・ガンにやらせようとなるのも面白い人選で、めちゃくちゃに当たって良かったですよね。

森　ジェームズ・ガンとルッソ兄弟では全然持ち味が違うんだけども、ただ『スーパー!』を見てもヒーローに対して批評的な作風ですよね。おそらくMCUにおいて「批評性の高さ」は最も重要視される能力なのかなと思います。ケヴィン・ファイギもそういうタイプと考えればすべて腑に落ちる。

光岡　ケヴィン・ファイギはコメディーが好きなんです。皮肉が効いたちょっと辛口のコメディーが好みなのかなって思います。

森　そう思うと、やはりケヴィン・ファイギがボスってのは重要ですよね。DCがノーランのもたらした批評性を巧く応用展開できなかったことを考えても。ところが周知のとおり、過去のツイート問題でディズニーと揉めたジェームズ・ガンが、DCスタジオのCEOに就任してライバル側の新リーダーになるという驚きの展開が起こりました。

光岡　これはファンの繰り言ですけど、ジェームズ・ガンの人選はいいと思いますけど、マーベルで売れたからというだけで決めないで、もっと信念ある人選をしてほしいなとはちょっと思います。信念が感じられないよね。

森　「あっちでやらかしたから引き抜いてやろう」みたいな(笑)。結果的に得がたい逸材を得ましたけども。

光岡　ジェームズ・ガン本人はDCの方が面白いキャラがいっぱいいると元々思ってたそうなんで、結果オーライですけれども。

映画業界での毀誉褒貶

森　マーベルの隆盛とともに、ご意見番のマーティン・スコセッシ先生とか、厳しいことをおっしゃってますよね。コッポラとかもそうだけど、映画業界のいわゆる映画人たちから見ると、MCUってどういうふうに映ってるんですか。

光岡　私から見ると、みんながこれは映画じゃないと思ってる感じがしますけど。

森　僕は映画的なことより、業界的な事情かなと思って映画人のMCU批判を受け取っているんですよね。特にスコセッシはデジタルにしろ3Dにしろ、新しいことに関しては寛容なイメージだったので、むしろ急先鋒のようにMCUをクソミソに貶すのは意外でもあったんです。

光岡　私の見方としては、まず前提として、アメリカにおけるキャラクター物って日本で考えてるよりも馬鹿にされてる。アメコミ映画が権威ある賞を取ることはないじゃないですか。

森　まさにアカデミー賞では基本端っこの存在ですよね。

光岡　『ブラックパンサー』で少しありましたけど、それまでは取ってもヴィジュアル・エフェクトか衣装。中身を見て判断してるなら致し方ないんだけど、アメコミというだけでシャットアウトしてると明らかに思われる部分がある。それは日本とは全然違う部分ですよね。日本は漫画文化を馬鹿にしたりは基本的にはしませんので。アメリカはその風潮がまだまだ強い。

森　なるほど。日米の温度差は僕が思っている以上にあるんでしょうね。

光岡　映画じゃないと言われたら、たしかに従来の映画ではない。こう言われるのは映画の内容というよりもMCUが発明したエコシステムのことを指していると思います。まずSNSで話題にする。映画を公開する。見に行った人が話題にする。このエコシステム。これを映画業界に導入して新しい娯楽の形を作り出してしまった。その功罪はもちろんあるけど、もうそういう時代になっちゃったというだけで、別にMCUが打ち立てたわけでもない。ただ、マーベルとディズニーがそのシステムを見つけ出して、そこにうまくハマれるとなって、ますます促進させていったのが実際だと思うので。

森　ファンダムとかの熱狂は映画業界が仕掛けるもの

ではなく、観客の中で自律的に回っていくものになった。従来の宣伝システムの失効はよく囁かれますけど、それは時代の変化そのものってことですもんね。

光岡　旧来のアメコミ映画は基本的にグッズを売るためにやってたけれども、もう世界的に子供の数も少ないし、そんなに物を売るような世界じゃなくなった中で何をしていくのかという方法論でもあったと思うんですよ。それが嫌だと言われても、やめるわけにいかない。旧来の映画が良かったと言われても、アメコミ映画を作ったり見てる側としてはもう立ち行かない世界の話なんで、理解しあえなくて当然だなと思ってますね。

MCUが抱える問題

森　問題はマルチバース以降なんですよね。これは僕だけではないと思いますが、フェーズ3までは熱狂して観ていた。ところが2020年、コロナ禍に突入し、『ワンダヴィジョン』(21)からテレビドラマシリーズもディズニープラスで始まってる。膨大な作品群がMCUの世界観にクロスオーバーしてきてついていけなくなった。

光岡　何が起こってるのかよくわからないんですよね。散漫になって、ファンの心も離れちゃってる。なぜこんなにコントロールできなくなったのか。配信ドラマも始めたからと言えばそうなんだけど、始めることはだいぶ前に決めたことだし。キャラクターが増えてもそのキャラクターに対するフォローが全然できていなくて、出てきっぱなしになっちゃう。今までの丁寧さはどこに行ったのか。組織的な話とかお金的な話、コロナとか時代的な話とか、いろいろ関わってはいるんでしょうけど、ちょっとファンからは見えない部分ですね。

森　相変わらずケヴィン・ファイギは同じ位置にクレジットされているんですけどね。ただディズニープラスは赤字が続いてるという現状もあり、ディズニーのCEOも元の人(ボブ・アイガー)に戻った。大規模なリストラもありましたね。しかもハリウッドは今ストライキで止まっている。かなり厳しい状況に立っていると思うんです。

光岡　ボブ・アイガーはマーベルの作品を縮小すべきだと発言していますよね。数が多すぎる――お金がかかりすぎというのが本音でしょうけど、ファンがついていけなくなってるよと公言している。確かに数が多すぎなのと、一つひとつがあんまり有機的に話が繋がってないので、苦労して追わなくていいやって脱落者が出てる。

　ヴィクトリア・アロンソさんというマーベルの第二の人物がクビになったという大きなことがあり、ストもあり、今までマーベルのCGの請け負いをやってる企業が毎回納期が短過ぎると言っているというのも報道され始めた。

森　急激な時代の変化――目まぐるしいパラダイムシフトがアフターコロナで起こっています。実はMCUの迷走や退潮に対して、A24などニューヨークを拠点とする新進の小ぶりな独立系会社のメジャーへの台頭が象徴的に重なっていると思っていて。まさしくルッソ兄弟が製作に入る形で、ダニエルズの『エブリシング・エブリウェア・オール・アット・ワンス』(22)でマルチバースをやっていた。あれは同じくアジア系メインで実際キャストもかぶっているMCUの『シャン・チー／テン・リングスの伝説』(21)でやり損ねたことを、A24がやっちゃったような感じ。ともあれこの1～2年ですごく状況は変わったなと思いました。

光岡　去年のことがもう古いみたいな異常なスピード感もマーベルのせいと言われればそうなんですよね。そこも従来の映画人に嫌われる部分かなと。

森　確かに。

光岡　マルチバースの話なんですけど、もうひとつMCUで失敗した部分を話すと、ルッソ兄弟を起用したきっかけになった『コミ・カレ!!』というドラマの脚本家兼プロデューサーのダン・ハーモンのアニメにファイギがはまったんですよ。ハーモンの代表作は『リック・アンド・モーティ』という、過激で辛辣なギャグアニメなんですけど、マルチバースをテーマにしてるんですね。

ハーモン自身にもMCUに参画してもらおうと思った時期もあったらしいんですけど、実現しなかった。ケヴィン・ファイギはルッソ兄弟で成功したので、ダン・ハーモンの下で『コミ・カレ!!』や『リック・アンド・モーティ』で脚本を書いている人たちをどんどん雇ったんですね。『スパイダーマン』シリーズの脚本家たち、クリス・マッケンナ&エリック・ソマーズもそうだし。『ドクター・ストレンジ』の二作目（『マルチバース・オブ・マッドネス』22）のマイケル・ウォルドロンもそうだし。

森　そうなんですね。

光岡　『アントマン』の三作目（『クアントマニア』23）のジェフ・ラブンレスもそうですね。ドラマにも何人も起用してます。このまま『アベンジャーズ』の新しい作品も書いてもらうという話もあったんですけど、あんまり映画の経験ない人たちもいたので——特に『クアントマニア』は大きい失敗になった。興行的には成功してるんですけど、ここが厳しいところで。熱心なファンはみんなハーモンのもとで活動している脚本家だと知ってるので、最近はその人選にブーイングが出始めてます。何も発表はないんですけど、どうも人選を大きく見直してるところなんじゃないかと言われ出している。

森　なるほど。新しい風を入れようというケヴィン・ファイギの流儀が今度は裏目に出て、適材適所を甘く見積もってしまう流れがあった。

光岡　彼らみんながマーベルに詳しいわけでもないので、キャラクターの特性とか過去のエピソードをちゃんと活かしていたかというと、確かにそうではなかった。『スパイダーマン』シリーズの脚本家たちはうまくやってると思うんですけど、とにかく失敗が目立ってきた。『リック・アンド・モーティ』はマルチバースもので成功してるから、マルチバースの話をやるにあたってそのチームをマーベルに召喚したけれど、MCUではなぜかそこまでうまくできてない。見直しが必要だとみんな言ってるけど、マーベルは今沈黙って感じですね。

今後のMCU

森　果たしてこれからMCUはどう転がっていくのか？　先ほど光岡さんがおっしゃったヴィクトリア・アロンソさん解雇のニュースは僕もびっくりしたんですよね。彼女がクビになった理由は具体的にどういうものなんでしょう。

光岡　彼女は自分の作ったプロダクションを持っていて、自分のプロダクションの仕事をしてたらそれが契約違反ということになったんですね。

森　MCUというプロジェクトには極めて重要なキーパーソンでしたよね。

光岡　立ち上げ時からいる方ですし、女性の重役ということで、女性主人公やLGBTQのキャラクターの活躍については、アロンソさんの影響が大きいんじゃないかと言われてます。

森　リベラル多元主義にMCUが併走していったのは、アロンソさんの志向が大きかったのではないかと想像しちゃいますね。

光岡　いや、マーベル自体が、DCもですけど、LGBTQに関しては味方だという発信は常にしています。キャラクターもどんどん増やしてますし。昔からコミックブックというのはいわばクィア文化でもある。読者にもいるし、そういう子たちが読んで感情移入したり、一緒に走っていこうと思うようなキャラクターをずっと作ってきた。ハリウッドは保守的なところなので、やっぱアロンソさんみたいな人は必要だったんじゃないかなと思います。

森　すごく良いお話です。MCUからは外れていますが、『X－メン』なんか完全にそうですよね。

光岡　『X－メン』はクィアな読者からの支持がめちゃくちゃ高いです。

森　『X－メン』シリーズは「MCU以外のマーベル映画」では出色のラインで、マシュー・ヴォーンの『X-MEN：ファースト・ジェネレーション』（11）やジェームズ・マンゴールドの『LOGAN／ローガン』（17）といった傑作では監督の作家性もよく出ています。『X－メン』がMCU＝アベンジャーズに入ってないのは、皮肉というか、ある種面白いと改めて思いますね。

光岡　FOXはかなり作家性を尊重して自由に作らせていたスタジオでした。ディズニーのことを日本ではポリコレとか言うけど、実情はすごい保守じゃないですか。そういう中で今まで通り、『X－メン』が自由にやっていけるのかというと、難しい部分があるかもしれないですね。

森　今後、MCUが盛り返す可能性はあるのでしょうか。

光岡　ファンはそこまで気にしてないと私は思いますね。コミックは長い歴史があって、その中で浮き沈みがあったんです。ものすごく売れたこともあれば、低迷して会社の危機みたいなことも繰り返してる。MCUはシステムとして安定したので、もう来年とか10年後は会社が潰れるようなことにはならないでしょう。いいときもあれば悪いときもあるという環境に慣れているので、今はまあちょっと大変だけど、くらいな感じなんです。『エンドゲーム』みたいな異常なヒットを出した後だとそうなるのは自然の流れというか。

森　そうかもしれないですね。『エンドゲーム』とかは成功が巨大すぎたという。

光岡　10年であそこまでのヒット出すって本当にすごいスピード感なので。

森　あの爆発力は衝撃でした。自分の映画体験の中でも、『エンドゲーム』に向かって登り詰めていく過程のMCUは忘れられない。

光岡　今でも信じられないほどのムーヴメントでしたね。あれはハンドリングが良かったとか、すぐれたスタッフとキャストが集まったとか、いろいろ要素はあるんですけど、言ってしまえば全部運ですよね。全てがうまく合致した。繁栄の後はちょっとは低迷はしますよ。

前代未聞のプロジェクト胎動期――

PHASE 1

長谷川町蔵

マーベル・エンターテインメント・グループとトイ・ビズが合併する形で1998年に設立されたマーベル・スタジオは、ニューラインとは『ブレイド』を、ソニーとは『スパイダーマン』『ゴーストライダー』、フォックスとは『Xメン』『ファンタスティック・フォー』、『デアデビル』など、作品ごとに映画スタジオと組んで実写化作品に取り組んできた。

そんなマーベルが自主製作に乗り出した（配給はパラマウント）第一作が『アイアンマン』（08）だった。以後、『インクレディブル・ハルク』（08）、『アイアンマン2』（10）、『マイティ・ソー』（11）、『キャプテン・アメリカ／ザ・ファースト・アベンジャー』（11）

と公開されていくのだが、徐々にかつてない試みがなされていることが明らかになっていく。いずれの作品も同一世界であるマーベル・シネマティック・ユニバース（MCU）の出来事として描かれ、ある作品の脇役が別の作品にも登場するのだ。基本的には一作ごとに起承転結があり、ヴィランは倒されていくのだが、残った課題は次の作品に持ち越されていく。そして遂に『アベンジャーズ』において、これまで登場したヒーローたちが結集して巨大な敵に立ち向かう。フェーズ1とは同作までの作品群を指す言葉だ。

今となっては随分とゆったりしたペースで製作されているように思えるフェーズ1だが、2007年にマーベル・スタジオの製作社長に就任して陣頭指揮を執ってきたプロデューサー、ケヴィン・ファイギはメディアに対してこう語っている。

「真似することは絶対に勧めない」

無理もない。なぜなら『アイアンマン』の製作開始時には既に『アベンジャーズ』までの製作がすべてスタートしていたのだ。つまり仮に途中の映画が興行的に失敗しても6本すべて製作せざるを得ず、損失は天文学的な数字に膨れ上がる可能性があったわけだ。

アイアンマン（2008）
監督・製作総指揮：ジョン・ファヴロー
脚本：マーク・ファーガス、ホーク・オストビー、アート・マーカム、マット・ホロウェイ
制作：アヴィ・アラッド、ケヴィン・ファイギ
出演：ロバート・ダウニー・Jr.、テレンス・ハワード、ジェフ・ブリッジス、グウィネス・パルトロウ

しかも『アイアンマン』の製作開始時点でマーベル・スタジオは、大人の観客層開拓に興味を持つウォルト・ディズニー・カンパニーから買収リストにノミネートされており（２００９年に40億ドルで買収成立）、フェーズ１の映画製作はディズニーの出資を前提にしたものだった。そのためには何としてでも第一作『アイアンマン』を大ヒットさせなければならなかった。

そんな失敗が絶対許されない企画にもかかわらず、ＭＣＵ第一作のヒーローが、原作の『アベンジャーズ』には欠かせない人物とはいえ、一般的には馴染みが薄かったアイアンマン。しかも主人公トニー・スターク役にロバート・ダウニー・Jrを抜擢したのは、ギャンブルと言うほかなかった。チャーリー・チャップリンを演じた『チャーリー』でアカデミー主演男優賞の候補になるなど、誰もが演技派と認めていたダウニーだったが、十代から深刻なドラッグ問題を抱えており、１９９９年には刑務所で一年間服役。仮出所中に出演した『アリー my Love』でゴールデングローブ賞を受賞したものの放映中にコカイン所持で再逮捕。２００３年以降はクリーン宣言してはいたものの、『アイアンマン』製作開始時点では低予算映画や脇役としての出演に甘んじており、年齢も四十代を超えていた。

このためオーディションで圧倒的なパフォーマンスを披露しながら、スタジオ側はダウニーの起用を猛反対。だが監督のジョン・ファヴローが「挫折を経験しているダウニー

インクレディブル・ハルク（2008）
監督：ルイ・レテリエ
製作総指揮：スタン・リー
製作：アヴィ・アラッド
脚本：ザック・ペン
出演：エドワード・ノートン、リヴ・タイラー、ティム・ロス、ウィリアム・ハート

以外、トニーは演じられない」と猛プッシュ。『ファンタスティック・フォー［超能力ユニット］』のオーディションで彼の才能を認めていたファイギも賛成に転じ、映画史上最大のギャンブルの行方は、逮捕歴多数の中年男に委ねられることになったのだ。

しかしこの配役こそがMCU成功の推進力となった。ダウニーは死の商人からヒーローに転じるトニーに人間的な陰影を与えたばかりでなく、脚本にも関与。あまりにも有名なラストシーンのセリフ「I am Iron Man.」も彼のアドリブから生まれたという。その甲斐あって、映画は5億8500万ドルもの収益を挙げる大ヒット作となった。

『トランスポーター』シリーズで知られるルイ・レテリエがメガホンを取った続く第2作『インクレディブル・ハルク』でフィーチャーされたのは緑色の巨人ハルクである。マーベル・コミックには欠かせない名ヒーローだったが、問題があった。わずか5年前の2003年にユニバーサルと組んで製作した映画『ハルク』（監督：アン・リー、主演：エリック・バナ）の評判が微妙だったのだ（ユニバーサルが契約を手放さなかったため、本作のみユニバーサル配給）

映画はMCUにマッチさせるため、完全なリブート作となったが、それが観客を戸惑わせ、世界の興行収入は2億6480万ドルと伸び悩んだ。このため同作は黒歴史のように扱われがちだが、ヴィランのアボミネーションことエミル・ブロンスキーは近年MCUの複数作に再登場。サンダーボルト・ロス将軍やサミュエル・スターンズといった登場人物の復活も予定されており、今こそ再評価されるべき作品だろう。

主人公ブルース・バナー役を演じたのはエドワード・ノートン。アクション作からは縁遠い演技派の彼が選ばれたのは、ダウニー起用と同じく「人間ドラマの描写にも全力を注ぐ」マーベル・スタジオの姿勢の表れだろう。だがノートンには映画のクリエイティヴ面にやたらと口を出したがる悪い癖があった。「もうわかっているでしょ」とばかり、ブルースがガンマ線を浴びてハルクになってしまうまでの経緯をタイトルバックだけで語ってしまう演出（すべてのリブート版は参考にしてほしい）は彼の発案だそうだが、最終的に編集権を巡ってマーベルと対立して、MCUから離脱してしまう（後任はマーク・ラファロ）。

もし現在、MCUの主要キャラを降板したら大ニュースになるところだが、当時はよくある話として片付けられた記憶がある。その証拠に『アイアンマン』でトニーの親友ローディを演じたテレンス・ハワードも『アイアンマン2』の製作決定直後にギャラで揉めて降板している（後任はドン・チードル）。第二作でジェームズが「ウォーマシン」になるのは確実だったため何とも勿体ない話だが、そもそもこの時点のMCUにはブランド価値なんてものは存在しなかったのだ。

ダウニーと同様にドン底から復活したミッキー・ロークをヴィランに迎えて製作された『アイアンマン2』は6億2393万ドルを稼ぎだす大ヒットとなったが、その裏ではフェーズ1の世界観の描写が進み、MCUが連作ドラマであることが強調されはじめる。前作にも顔を見せていたクラーク・グレッグ扮するフィル・コールソンに加えてブラック・ウィドウことナターシャ・ロマノフ、そして上司にあたるニック・フューリーが登場。ふたりを演じる俳優としてスカーレット・ヨハンソンとサミュエル・L・ジャクソンという主役級のスターが投入されたことで、三人が所属する組織「S.H.I.E.L.D.」こそが、フェーズ1の要であることが強調された。同作ではトニー・スタークに起業家で発明家の父ハワードがいたことが具体的に描かれ、エンドロール終了後にはニューメキシコ州に出張したコールソンは全能の鉄鎚「ムジョルニア」を発見する。

ムジョルニアとは、北欧神話の雷神トールのモデルにもなった神の国「アスガルド」の王子ソーの武器である。オーストラリア出身の若手クリス・ヘムズワースがソーに扮したMCU第四作『マイティ・

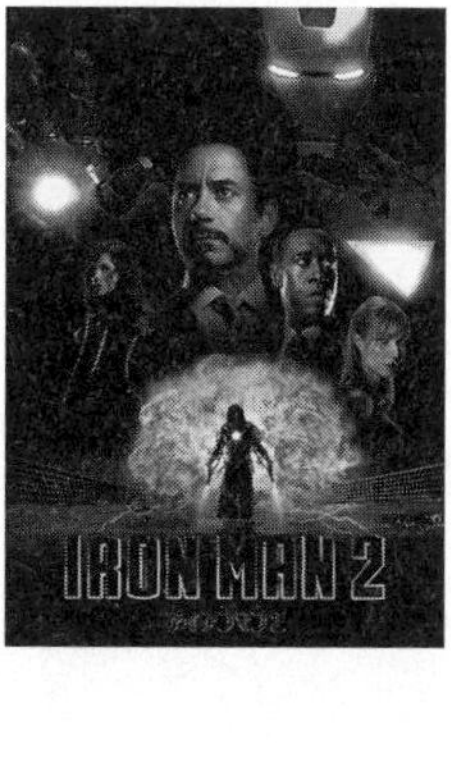

アイアンマン2（2010）
製作総指揮・監督：ジョン・ファヴロー
脚本：ジャスティン・セロー
製作：ケヴィン・ファイギ
出演：ロバート・ダウニー・Jr.、グウィネス・パルトロウ、ドン・チードル、スカーレット・ヨハンソン、ミッキー・ローク、サミュエル・L・ジャクソン

マイティ・ソー（2011）
監督：ケネス・ブラナー
製作：ケヴィン・ファイギ
脚本：アシュリー・エドワード・ミラー、ザック・ステンツ他
出演：クリス・ヘムズワース、ナタリー・ポートマン、トム・ヒドルストン、アンソニー・ホプキンス、浅野忠信

ソー』は現代のＬＡが舞台の『アイアンマン』から一転して、英国演劇界を代表する名優ケネス・ブラナーを監督に迎えた重厚なファンタジーとなった。おそらく主人公ソーと父オーディーン、義弟ロキの愛憎関係にシェイクスピア的な悲劇性を持ち込みたかったからだろう。事実、オーディーン役に重鎮アンソニー・ホプキンズ、ロキ役にウェストエンドで新進気鋭の俳優として活動していたトム・ヒドルストンという英国舞台劇色が強いキャスティングがなされている。

　ストーリーは、傲慢さゆえにオーディンによって地球に追放されたソーが、科学者のジェーン・フォスターやその師エリック・セルヴィグ博士との交流を通じて人間的に（神なのだが）成長していくというもの。後年のソーと比べるとシリアスで、ギャグは控えめだが、地球における舞台を北欧神と最も不似合いなニューメキシコにするなど既にその萌芽は確認出来る。またソーに弓を放つS.H.I.E.L.D.の凄腕エージェントとして、ジェレミー・レナー扮するホークアイが初登場している。

　同作のラストシーンで初めて登場するのが、青く光る立方体テッ

キャプテン・アメリカ / ザ・ファースト・アベンジャー（2011）
監督・製作総指揮：ジョー・ジョンストン
製作：ケヴィン・ファイギ , アミール・マダニ
脚本：クリストファー・マルクス , スティーヴン・マクフィーリー
出演：クリス・エヴァンス、ヒューゴ・ウィーヴィング、スタンリー・トゥッチ、トミー・リー・ジョーンズ、ドミニク・クーパー、サミュエル・L・ジャクソン

セラクト（またの名をコズミックキューブあるいは四次元キューブ）である。瞬間移動の力を持つスペース・ストーンを内包したこの立方体は、かつてオーディンがノルウェーのトノスベルグ村に隠したものだったが、現在はS.H.I.E.L.D. の管理下にあったのだった。

続く『キャプテン・アメリカ／ザ・ファースト・アベンジャー』では、このテッセラクトを巡る戦いが第二次世界大戦中に遡って描かれる。メガホンを取ったのは『ジュマンジ』や『ジュラシック・パークIII』などを手掛けたジョー・ジョンストン。監督を指名されたのは、やはり第二次世界大戦中に活躍するヒーローが主人公のアメコミ実写作『ロケッティア』を撮った経験があるからだろう。ちなみに『ロケッティア』で主人公を手助けする実在の大富豪ハワード・ヒューズは、トニーの父でキャプテン・アメリカの盟友ハワード・スタークのモデルでもあるため、二作はとても近い世界観を持っている。但し近過去ＳＦ映画の興行収入は一般的に高くなく、『ロケッティア』も失敗作とみなされていた。それなのにキャプテン・アメリカの単独映画の製作に踏み切り、その監督によくぞジョンストンを選んだものだと思う。マーベル・スタジオの覚悟を感じる。

『キャプテン・アメリカ／ザ・ファースト・アベンジャー』のヴィランは、ナチスの将校ヨハン・シュミットが創設した別働隊組織「ヒドラ」である。ヒドラはトンスベルグを侵攻した際にテッセラクトを入手したことで新兵器を次々発明して勢力を拡大。単独で世界征服を目論むようになる。

それを阻んだのが、後年ブルース・バナーも関わる「スーパーソルジャー計画」の実験によってスーパーパワーを得たキャプテン・アメリカことスティーブ・ロジャース。彼は核爆弾を搭載したヒドラの爆撃機に乗り込んで死闘を繰り広げるが、テッセラクトの暴走によってシュミットは消滅（実は死んではおらず、『アベンジャーズ／インフィニティ・ウォー』で意外な再登場をはたす）。スティーブは核爆弾をアメリカに到達させないために爆撃機ごと北極海に突入して消える。テッセラクトはハワード・スタークによって回収され、以後はS.H.I.E.L.D.の管理下に置かれるようになった（なお１９９０年代、研究に参加した米空軍パイロット、キャロル・ダンバーズはテッセラクトからスーパーパワーを得ることになる）。

そして配給もディズニーとなったフェーズ１の最終作『アベンジャーズ』では、ニック・フューリーが解析を依頼したテッセラクトをセルヴィグ博士から強奪したロキが、そのパワーでワームホールを作り、地球殲滅のために宇宙人の艦隊を呼び寄せる。これに対してニック・フューリーの呼びかけに応じたアイアンマン、ハルク、ソー、ブラック・ウィドウ、ホークアイ、そして冬眠から目覚めたキャプテン・アメリカがチームを結成して、ニューヨークで死闘を繰り広げるのだ。

監督と脚本は『バフィー～恋する十字架～』や『エンジェル』のクリエイターとして知られるジョス・ウェドン。ウェドンはノークレジットで共同脚本を手掛けた『キャプテン・アメリカ／ザ・ファースト・アベンジャー』からの伏線を、本作で見事に回収してみせている。当初反目しあっていたスーパーヒーローたちが、やがて互いの違いを乗り越えて結束し、共闘していく姿は、わかっちゃいるけど熱い気持ちにさせられる。なお同作の仕事ぶりを買われたウェドンはDCヒーローのクロスオーバー映画『ジャスティス・リーグ』において同じようなことを試みたが、本作の奇跡は二度と起こせなかった。

『アベンジャーズ』はメガヒットを記録し、全世界の興行収入は『アバター』と『タイタニック』に次ぐ歴代3番目の15億1956万ドルにまで達した。この作品によって、MCUは映画史上最大のフランチャイズ・シリーズと認識されるようになったのだ。

アベンジャーズ（2012）
監督＆脚本：ジョス・ウェドン
ストーリー：ザック・ペン、ジョス・ウェドン
製作：ケヴィン・ファイギ
出演：ロバート・ダウニー・Jr.、クリス・エヴァンス、マーク・ラファロ、クリス・ヘムズワース、スカーレット・ヨハンソン、ジェレミー・レナー、トム・ヒドルストン、サミュエル・L．ジャクソン

騒ぎの前の静けさ――

PHASE 2

真魚八重子

フェーズ1はなんといってもニューヨーク決戦が頂点だろう。これがアベンジャーズへの毀誉褒貶相半ばするイメージを生み出し、各ヒーローにも複雑な思いを残した。街全体に残る、建物の崩壊という大きな傷痕。これまでの正義のヒーローは闘い、悪者を倒してみんなに感謝されて終わるドラマだった。しかし9・11以降、派手なアクションには破壊がついて回り、多くの人々がひしめくニューヨークでは、巻き添いの犠牲者を出さない戦闘は不可避だと我々は知った。

フェーズ2の一作目は『アイアンマン3』(13)。遊び人で乱心気味という意味では、ロバート・ダウニー・Jrという俳優のイメージに、限りなく近いキャラクターである。

しかし三作目でトニー・スタークも落ち着いてきたようだ。

それでも肝が据わっていてナルシストであることから、ここまで破綻せずにやってきたが、ニューヨークでの戦闘が彼にもPTSDを残していることがわかる。大会社のスターク・インダストリーズの社長の座を恋人ペッパー（グウィネス・パルトロー）に譲って以来、彼は新型アーマーの製作に没頭している。というより、眠ることができないため、膨大なアーマーを作り続けずにいられない状態になっているのだ。

またアーマーという密閉状態に慣れていたはずが、初めて不安に駆られ、元々ウィークポイントである心臓に乱れが生じ、座り込んでしまう場面がある。彼が珍しくパニック発作を起こしてしまうのだ。本作は『アイアンマン』シリーズの最終作となっており、マンダリンというテロリストが虚構の存在であることや、それを裏で操る真犯人が見つかる物語となっている。マンダリン役のベン・キングズレーの、硬軟両極端をみせる演技には魅了される。

フェーズ2の続く二作目は『マイティ・ソー／ダーク・ワールド』（13）。「マイティ・ソー」シリーズがコメディ風なのは、一作目を監

アイアンマン３（2013）
監督：シェーン・ブラック
脚本：ドリュー・ピアース、シェーン・ブラック
製作：ケヴィン・ファイギ
出演：ロバート・ダウニー・Jr.、グウィネス・パルトロウ、ドン・チードル、ベン・キングズレー

マイティ・ソー / ダーク・ワールド（2013）
監督：アラン・テイラー
脚本：クリストファー・L・ヨスト、クリストファー・マルクス、スティーヴン・マクフィーリー
ストーリー：ドン・ペイン、ロバート・ロダット
製作：ケヴィン・ファイギ
出演：クリス・ヘムズワース、ナタリー・ポートマン、トム・ヒドルストン、アンソニー・ホプキンス、浅野忠信

督したケネス・ブラナーの手腕が大きい。なんといってもソー役のオーディションに来ていたトム・ヒドルストンを、ロキ役に抜擢したことはずっと語り継いでいきたい。

本作ではまず、インフィニティ・ストーンの中の一つである、エーテルを巡る過去の戦いが語られる。ソーの祖父に当たる当時のアスガルド王は、ダークエルフとの戦に勝つと、その邪悪なほど強い力を持つエーテルを地中深くに埋めた。いま、ソー（クリス・ヘムズワース）は惑星直列の影響で、混乱に陥った世界を救って巡っている。ロキは四次元キューブを奪おうとした罪で、牢に閉じ込められることになった。そのさなかに、天文物理学者であるソーの恋人ジェーン（ナタリー・ポートマン）は、教授のエリック（ステラン・スカルスガルド）とロンドンに調査に来ていた。だが惑星直列の影響で不安定になっており、ジェーンは地中のエーテルに触れてしまう。

ソーのシリーズで楽しいのは、スカルスガルドと、ジェーンの親友ダーシー（カット・デニングス）の存在である。今回のステランは気が狂って登場し、外を全裸で暴れており、精神病院にしばらく入院することになる。

ソーは地球からアスガルドにジェーンを連れて行き、エーテルを取り除こうとする。しかしエーテルを狙うマレキスと腹心のアルグリム（カース）がアスガルドを襲い、戦いとなる。その結果ジェーンは彼らに奪われ、アスガルドの王妃フリッガ（レネ・ルッソ）が命を落とす。アスガルド王のオーディン（アンソニー・ホプキンス）は気ばかり強く、もはや老いすぎて戦いには向かない身だ。

フリッガはソーにとっては実母だ。しかしロキは母と慕って育ちながら、血のつながりがないことを知る。当然捻くれるロキだが、本当の母を想うような思慕を絶つことはできなかった。フリッガもロキが〝氷の巨人〟の血筋であるために、狡猾な魔術を得意とする邪神だとわかっている。それでも彼女に対し本気の悪意を向けたことがなく、お互いに義理の母子としては慈しみあってきた仲だった。

この映画でフリッガの死を知ったとき、一瞬見せるロキの極限的な憤怒がやるせない。その後、彼の牢をソーが尋ねると、取り繕った魔術の奥で、悲嘆に荒れ狂ってボロボロになったロキが床で脱力している。彼にとって、これほどの悲しみは初の体験だったのではないか。ソーはマレキスたちに奪われたジェーンを、エーテルから解き放って取り戻すための計略に、アスガルドからの抜け道を知るロキを誘う。初の兄弟での共闘だが、ソーにとっては信用ならない弟との旅だ。だがしかし、これも母の死の直後ゆえに成立したものだろう。

本作から、インフィニティ・ストーンの役割と所在地、誰の所有物となっていくかが複雑化していく。ロキの杖にあったスペース・ストーンはすでにアスガルドで保管されている。そのためエーテルは離れた場所に置くことになり、辺境に住むコレクター／タニリーア・ティヴァン（ベニチオ・デル・トロ）が預かることになる。

この映画の締めくくりももちろん、観客のロキ愛を刺激するカットが待っている。まだまだ彼はアスガルドの王の立場を簒奪しようと企んでいるのだ。

フェーズ2の三作目は『キャプテン・アメリカ／ウィンター・ソルジャー』（14）。冒頭のファルコン（アンソニー・マッキー）とのマラソンシーンは、キャップの礼儀正しさがウザくて楽しい。ロバート・レッドフォードの悪役での出演には、さすがこの時期のマーベルの凄みを感じたが、ただ全体には中間地点の一本という印象は免れない。ウィンター・ソルジャー／バッキー（セバスチャン・スタン）のキャップ以上に不幸な人生や、スタンが顔を晒した時の美形ぶりにはハッとするが。

それよりも、奇妙にキャップと行動を共にすることになる、ナターシャ（スカーレット・ヨハンソン）の使われ方が気になる。ニック・フューリー（サミュエル・L・ジャクソン）による命令で、心につけいるよ

キャプテン・アメリカ / ウィンター・ソルジャー（2014）
監督：アンソニー&ジョー・ルッソ
脚本：クリストファー・マルクス , スティーヴン・マクフィーリー
製作：ケヴィン・ファイギ（p.g.a.）
出演：クリス・エヴァンス、スカーレット・ヨハンソン、セバスチャン・スタン、ロバート・レッドフォード、サミュエル・L・ジャクソン

うな美人局の要素をもっていることは丸わかりだ。ナターシャはスタークの元に現れたときから、クールな魅力で関心を引いたし、ホークアイとのお揃いのネックレスや、「女であること」をスパイとして最大に活用する挙動を取ってきた。最終的に彼女はバナーと惹かれあう設定になっていくが、それが本当の愛なのか、観客としてもいまいち信用しきれない。ナターシャの使われ方は、女性として悲痛である。

そしてフェーズ2において、一番愉快な『ガーディアンズ・オブ・ギャラクシー』(14)が登場。地球人と他惑星人のミックスである、スターロード／ピーター・クイル（クリス・プラット）。彼は幼少時に宇宙海賊ヨンドゥに拉致されたのち、現在はトレジャーハンターとして活動している。

彼が懸賞金のかかっているオーブを盗み出したところ、テロリストであるロナンの部下コラスと遭遇。そこを逃げ出し、ノバ帝国の首都惑星のザンダーで売り払おうとしたところ、ガモーラ（ゾーイ・サルダナ）に急襲される。二人が組んずほぐれずしていると、新たにアライグマのロケット（声：ブラッドリー・クーパー）と、その相棒の樹木型ヒューマノイドのグルート（声：ヴィン・ディーゼル）に襲われ、

ガーディアンズ・オブ・ギャラクシー（2014）
監督：ジェームズ・ガン
脚本：ジェームズ・ガン，コール・パールマン
製作：ケヴィン・ファイギ
出演：クリス・プラット、ゾーイ・サルダナ、デイヴ・バウティスタ、ヴィン・ディーゼル、ブラッドリー・クーパー、マイケル・ルーカー、カレン・ギラン、ベニチオ・デル・トロ

4人ともまとめてキルン刑務所に投獄される羽目になる。そこで冗談の通じないドラックス（デイヴ・バウティスタ）も仲間に加わった。彼らは脱獄王であるロケットの手引きで、キルンからも瞬く間に脱走する。

彼らが手に入れようとしていたオーブにも、また別のインフィニティ・ストーンが入っている。コレクターのティヴァンの元へ持ち込むと、これはすべてを破壊する力を持った、強力なストーンだと説明される。そこで、ティヴァンの下で働く女の子が文句を言おうとしてストーンに触れ、大爆発が起こってしまう。

『ガーディアンズ・オブ・ギャラクシー』自体、楽しい仲間の話だが、ガモーラの義妹のネビュラ（カレン・ギラン）の生活は空恐ろしい。殺し屋として父親サノスにサイボーグ化され、地獄のような訓練を受けている。このガモーラとネビュラの養父であるサノスこそが、宇宙に劇的な悲劇をもたらす人物として、改めて登場することになる。

スターロードを中心としたメンツが揃ったときはとても楽しいが、後日わかるロケットの過去や、妻子を殺されたドラックス、サノスとその娘たちの関係性など、意外なほど悲痛な物語も秘めているのが、『ガーディアンズ・オブ・ギャラクシー』なのだ。

フェーズ2でのアベンジャーズは、『アベンジャーズ／エイジ・オブ・ウルトロン』（15）で集合する。ここでスカーレット・ウィッチ／ワンダ（エリザベス・オルセン）、クイックシルバー／ピエトロ（アーロン・テイラー=ジョンソン）の、双子のマキシモフ兄

アベンジャーズ / エイジ・オブ・ウルトロン（2015）
監督＆脚本：ジョス・ウェドン
製作：ケヴィン・ファイギ
出演：ロバート・ダウニー・Jr.、クリス・ヘムズワース 、マーク・ラファロ、クリス・エヴァンス、スカーレット・ヨハンソン、ジェレミー・レナー、ジェームズ・スペイダー、サミュエル・L・ジャクソン、アンソニー・マッキー

妹が登場する。二人は東欧ソコヴィアにあるヒドラの研究施設で暮らしており、クイックシルバーは超高速で移動ができ、スカーレット・ウィッチはテレキネシスとマインドコントロールを得意とする。特にワンダのマインドコントロール能力は高く、アベンジャーズのメンバーは過去のつらい経験の記憶が蘇り、彼女との戦闘後にはトラウマを刺激され苦しむことになる。

本作は地理的にソコヴィアが重視されるが、メインとなる物語は人工知能である。トニーはロキの杖の先にある宝石の中に、人工知能らしきものを発見し、乗り気ではないバナー（マーク・ラファロ）も巻き込んで研究開発に力を入れていた。それはトニーの構想では、宇宙からの脅威に立ち向かうための人工知能「ウルトロン計画」だった。

だがアベンジャーズのメンバーが揃ったパーティーで、突如ウルトロンが自我を持ち、「地球のためには人類を根絶しなければならない」と言い出し、J.A.R.V.I.S. を破壊してしまう。そしてボディ用に世界最強の金属ヴィブラニウムを手に入れるため、ヨハネスブルグを目指す。そこでもマキシモフ兄妹がウルトロンと共闘し、ワンダのマインドコントロールで全員戦闘不能になってしまう。特に大暴れし、ヨハネスブルグの街に大きな被害をもたらしたハルク／バナーのトラウマは酷く、姿を消してしまう。

ウルトロンは順調に目的を果たしていくが、その途中でワンダは彼の心を読み、人類絶滅を狙っていることを知る。兄妹はアベンジャーズ側に付き、奪われていた細胞再生装置（クレードル）を取り戻す。ソーがムジョルニアでクレードルを起動させると、J.A.R.V.I.S.をアップロードし、新たな人造人間〝ヴィジョン〟として生まれ変わる。ロキの杖には四次元キューブのほかに、マインド・ストーンも入っており、人の心を操れる力を持つ。このマインド・ストーンが額に埋め込まれた真っ赤な人造人間がヴィジョンだ。

最終決戦はソコヴィアで、なるべく市民を巻き添えにしないよう配慮をしながらの戦いが目立つ。しかしそれでも建物の倒壊などは避けられず、これが後日再び怨恨の物語となって戻ってくる。また、ホークアイ（ジェレミー・レナー）はアベンジャーズを離れて一般市民として生きていく道を選び、ウルトロンに責任を感じたトニーもしばしの休養に入る。ハルクも行方不明のままで、どことなく仲間の弱体化を感じさせるラストを迎える。

アントマン（2015）
監督：ペイトン・リード
脚本：エドガー・ライト、ジョー・コーニッシュ、アダム・マッケイ、ポール・ラッド
ストーリー：エドガー・ライト、ジョー・コーニッシュ
製作：ケヴィン・ファイギ
出演：ポール・ラッド、エヴァンジェリン・リリー、コリー・ストール、マイケル・ダグラス、アンソニー・マッキー、アビー・ライダー・フォートソン、ジョン・スラッテリー

フェーズ2のラストを飾るのは『アントマン』(15)。当初エドガー・ライトが監督で話は進んでいたが、折り合いがつかず降板に終わった。じつはその方が良かったかもしれないと思う。

スコット・ラング(ポール・ラッド)は冴えない友人たちと盗人稼業をしている。離婚した妻は、スコットのことを何かと目の敵にしてくる刑事と婚約中。娘のキャシーだけはスコットの味方だ。ある日、仲間のルイスが金庫破りの話を持ってくる。だがそれは、その金庫の持ち主であるハンク・ピム博士(マイケル・ダグラス)の仕組んだ罠だった。彼はアントマンになれる男を探していて、スコットに目を付けたのだ。スコットも電気工学の博士号を持っており、以前在籍した会社の不正を暴いたことが原因で職を失い、刑務所に入る羽目になっていた。ピム博士は娘のホープ(エヴァンジェリン・リリー)と二人暮らしで、彼女はピム・テックの会長でもある。だがホープは母の死の真相を教えてくれない父に怒りを抱いている。彼女は最初、スコットのことも落ちこぼれだと思っているが、次第に彼の優しいひたむきさに惹かれていく。

フェーズ2はやはり、大きな悲劇に向けての準備が整いつつある、という印象が強い。その中で明るいポール・ラッドの参入には救いを感じる。

時代と並走した爆発力

PHASE 3

森直人

『キャプテン・アメリカ／ウィンター・ソルジャー』（14）は、テロリズムの影響を受けた『ダークナイト』（08）以来の、いま何が起こっているかを直接体験できるスーパーヒーロー映画である――。米誌『エンターテインメント・ウィークリー』のレビュアー、オーウェン・グレイバーマンはそう記した（２０１４年４月２日付）。第二次世界大戦の英雄だったキャプテン・アメリカことスティーヴ・ロジャース（クリス・エヴァンス）は、北極海での長い眠りから目覚め、激変した現在の世界情勢に戸惑いを隠せない。そんな浦島太郎状態の彼に、ファルコンことアフリカ系のサム・ウィルソン（アンソニー・マッキー）が、「今の時代に起こっていることはそれを聴けばすべてわかる」と、マーヴィン・ゲイの「トラブル・マン」（ブラックスプロイテーション映画『野獣戦争』（72）のサウンドトラック・アルバム）を勧める。そんなシーンから始まる本作は、まさに9・11以降――アメリカ的な「正義」の揺らぎや混乱を反映する政治的志向の強さにおいて、「フェーズ２」の作品群の中で異彩を放つ一本だ。監督を務めたのは、テレビ業界中心の活動から大抜擢されたＭＣＵ初参加のアンソニー＆ジョー・ルッソ兄弟。この傑作こそが、のちにＭＣＵが至大のピークに向かう流れの起点になったと言っていい。

そして2016年5月、米大統領選挙の本選を間近に控えた頃、ルッソ兄弟の二回目の監督登板となる『シビル・ウォー／キャプテン・アメリカ』(16)を皮切りに「フェーズ3」がスタートした。民主党のバラク・オバマ政権に替わって、共和党より出馬した元実業家の異端児ドナルド・トランプの勢いがメディアを騒がせていた時期。このトランプ時代への突入と共に、分断と排斥を推し進める保守勢力へのアンサー&カウンターとして、現実の世界構造を批評的に見据えて併走するMCUの「政治の季節」がうねりを増す。スーパーヒーロー映画というフィクションの枠組みを使って、新たな「正義」の在り方を模索し、再定義を試みる尖鋭性が、同時に物語の面白さとして巨大な大衆性をも獲得したのは、まさしく「政治が他人事ではない」激動の時代ならではの特異現象だったと言えるだろう。

さて、『シビル・ウォー／キャプテン・アメリカ』をひと言で整理すると「内ゲバ」に向かう話である。事の発端は、ナチスから生まれた秘密結社ヒドラの残党のテロ計画を阻止するため、アベンジャーズがナイジェリアのラゴスに出撃した時の件。この闘いに巻き込まれたワカンダ人の一般市民11人が死亡する事故が起き、アベンジャーズを国際連合の管理下に置くソコヴィア協定が立ち上がる。この是非をめぐって、確かにグローバル社会の合意的なチェックを受けるべきだと賛同する「アイアンマン派」と、それでは自己責任で動くことができないと反発する「キャプテン・アメリカ派」にアベンジャーズが仲間割れ――内部分裂してしまうのだ。特にアメリカ的「正義」を体現していたはずのキャプテン・アメリカの思想が、勝手に国境を越えて自分たちの「正義」を押しつける自警団扱いされたことは、もはやイデオロギーでは善悪を規

シビル・ウォー / キャプテン・アメリカ（2016）
監督：アンソニー&ジョー・ルッソ
脚本：クリストファー・マルクス , スティーヴン・マクフィーリー
製作：ケヴィン・ファイギ
出演：クリス・エヴァンス、ロバート・ダウニー・Jr.、スカーレット・ヨハンソン、セバスチャン・スタン、アンソニー・マッキー、ドン・チードル、ジェレミー・レナー、チャドウィック・ボーズマン、ポール・ベタニー、エリザベス・オルセン、ポール・ラッド、トム・ホランド

定することができないヒーローの在り方の決定的な変容を示している。

このアベンジャーズの混乱を敷衍すると、つまり世界で起こっている争いはすべて「内ゲバ」であり、不毛な「正義」と「正義」のぶつかり合いということだ。興味深いのは本作の回想パートとして、スティーヴ・ロジャースの幼馴染みの親友バッキー（セバスチャン・スタン）が、ヒドラにより暗殺者ウィンター・ソルジャーへと洗脳された91年への補助線が引かれる。アイアンマンことトニー・スターク（ロバート・ダウニー・Jr.）の両親が殺されたのもこの年だ。すなわち「総内ゲバ化」のカオスは、東西冷戦の終焉から始まっている。こういったルッソ兄弟の簡明直截な歴史／政治認識こそが、ストロングスタイルによるポストヒーロー映画の世界像を実現させたのだろう。

原理的には個人同士のバトル・ロワイアル。アベンジャーズに恨みを持つソコヴィアの軍人ヘルムート・ジモ（ダニエル・ブリュール）の策略がヒーローたちの同士討ちを加速させるが、彼の思惑もそれなりの事情と理があるものとして対象化される。誰も「悪」ではない。ただ怒りや憎しみ、負の連鎖が渦巻く世界。逆に言えば信頼できるのも個人しかない。

そんな激流のごときストーリー展開の中、本作では新たなスーパーヒーローが続々と加わっていく。まずはソコヴィア協定の署名式の際、国連ビル爆破テロで父親を失ったワカンダの聡明で高潔な王子、ブラックパンサーことティ・チャラ（チャドウィック・ボーズマン）。彼は私怨を抑制してジモを殺害せず逮捕だけにとどめる。そしてトニー・スタークは、ネット動画で発見したスパイダーマンこと高校生ピーター・パーカー（トム・ホランド）をNYクイーンズの自宅まで訪ねてスカウト。それまで「ソニー・ピクチャーズ映画のヒーロー」だったスパイダーマンのMCU（＝ディズニー）合流は、単なる映画会社間の契約・権利問題が裏事情であるにしてもファンには大きな事件だった（ただし、まだこの時点では正式にはアベンジャーズに加入していない）。さらにキャプテン・アメリカやファルコンの反協定派は、アベンジャーズの一員であるホークアイことクリント・バー

ドクター・ストレンジ（2016）
監督：スコット・デリクソン
脚本：ジョン・スペイツ , スコット・デリクソン , C・ロバート・カーギル
製作：ケヴィン・ファイギ
出演：ベネディクト・カンバーバッチ、マッツ・ミケルセン、ティルダ・スウィントン、レイチェル・マクアダムス、ベネディクト・ウォン

トン（ジェレミー・レナー）に加え、身体サイズを変えることのできるアントマンことスコット・ラング（ポール・ラッド）を仲間に引き入れる。

本作のクライマックスは、キャプテン・アメリカとアイアンマンの直接対決だ。トニー・スタークの亡き父親ハワードは巨大軍需企業の先代トップで、キャプテン・アメリカが装備する円形のシールドを開発したという因縁がある。「シールドを置いていけ。君に持つ資格はない。父が作った盾だ」とのトニー・スタークの声を受けたスティーヴ・ロジャースはシールドをその場に置き、ティ・チャラの手引きを受けてワカンダへと渡っていく。

このあと、「フェーズ3」はクロスオーバーする様々な世界線から、精鋭メンバーを召集していく過程に突入する。『ドクター・ストレンジ』（16）ではNYの天才外科医スティーヴンから、魔術師として生まれ変わったドクター・ストレンジ（ベネディクト・カンバーバッチ）が登場。異才ジェームズ・ガン監督のカラーがよく出た『ガーディアンズ・オブ・ギャラクシー：リミックス』（17）がそこに続く。新進気鋭のジョン・ワッツ監督を起用した『スパイダーマン：ホームカミン

ガーディアンズ・オブ・ギャラクシー：リミックス（2017）
監督／脚本：ジェームズ・ガン
製作：ケヴィン・ファイギ
出演：クリス・プラット、ゾーイ・サルダナ、デイヴ・バウティスタ、ヴィン・ディーゼル 、ブラッドリー・クーパー、マイケル・ルーカー、カレン・ギラン、ポム・クレメンティエフ、シルヴェスター・スタローン、カート・ラッセル

スパイダーマン：ホームカミング（2017）
監督：ジョン・ワッツ
脚本：ジョナサン・ゴールドスタイン、ジョン・フランシス・デイリー、ジョン・ワッツ、クリストファー・フォード、クリス・マッケナ、エリック・ソマーズ
製作：ケヴィン・ファイギ、エイミー・パスカル
出演：トム・ホランド、マイケル・キートン、ジョン・ファヴロー、ゼンデイヤ

グ』（17）は学園映画の快作となり、スパイダーマン＝ピーター・パーカーを後継者として見出したアイアンマン＝トニー・スタークとの擬似親子的な師弟関係も強調された。タイカ・ワイティティ監督が手掛けた脱力系コメディ風味の『マイティ・ソー　バトルロイヤル』（17）ではアベンジャーズを一旦離れていたソー（クリス・ヘムズワース）、義弟ロキ（トム・ヒドルストン）が再登場。ドクター・ストレンジと初めて絡む。そしてハルクことブルース・バナー（マーク・ラファロ）とも再会。日本では惑星アスガルドの戦士ホーガン役で浅野忠信が出演したことも話題となった（ケイト・ブランシェット扮する死の女神ヘラに立ち向かい戦死）。こうして回を重ねるごとにアベンジャーズ周辺はにぎやかになり、作品のクオリティも申し分ないものばかり。

そんなMCUの流れと並行して、現実世界のアメリカはどうなっていたか。2017年1月20日、ドナルド・トランプが第45代アメリカ合衆国大統領に就任。不法移民取り締まりのためのメキシコ国境の壁建設の計画、度重なる女性やセクシュアル・マイノリティー蔑視、地球温暖化をデマだと否定する主張によりパリ協定からの離脱など、まるでコミックの

マイティ・ソー バトルロイヤル（2017）
監督：タイカ・ワイティティ
脚本：エリック・ピアソン
ストーリー：クレイグ・カイル，クリストファー・ヨスト、エリック・ピアソン
製作：ケヴィン・ファイギ
出演：クリス・ヘムズワース、トム・ヒドルストン、ケイト・ブランシェット、テッサ・トンプソン、マーク・ラファロ、アンソニー・ホプキンス

悪役のように異常な政策や言動が渦を巻く「トランプ劇場」を繰り広げていく。だが同政権による人種差別、性差別、反移民、反環境保護といった強圧的な推進が、皮肉にも主題のカードを追加していくように映画への燃料投下となり、「現在のヒーロー／正義とは何か？」を問うフィクション＝ＭＣＵの盛り上がりをどんどんヒートアップさせていった。

ハリウッド業界全体も異例の一致団結ぶりで「反トランプ」の勢いを強めていったが、その流れの中でひとつの突出点と呼べる成果を収めたのが『ブラックパンサー』（18）だ。これはもちろん数年前から大きなうねりとなり拡大し続けていた、黒人への暴力や差別に抗するブラック・ライヴズ・マター運動と無関係ではない。

物語は『シビル・ウォー／キャプテン・アメリカ』で描かれた国連テロによる国王の死亡後、息子の王子ティ・チャラがアフリカ大陸の小国にして隠れた超文明国家ワカンダの新国王に即位する展開から始まる。監督は米カリフォルニア州オークランド出身、アフリカ系の俊英ライアン・クーグラー。マイケル・Ｂ・ジョーダン主演の『フルートベール駅で』（13）と『クリード　チャンプを継ぐ男』（15）で注目された黒人の監督による、黒人の主人公が活躍するＭＣＵ初のブラックムービーである。本作は２０１８年２月16日に全米公開されるやいなや大反響を呼び、興行的にも『アベンジャーズ』（12）を超えるヒットを記録。スーパーヒーロー映画として初となるアカデミー賞作品賞ノミネートを果たした（結果は作曲賞・美術賞・衣装デザイン賞の３部門受賞）。

本作の画期点かつ特異点は、スーパーヒーローと同じ名前を冠したオークランド拠

ブラックパンサー（2018）
監督：ライアン・クーグラー
脚本：ライアン・クーグラー , ジョー・ロバート・コール
製作：ケヴィン・ファイギ
出演：チャドウィック・ボーズマン、マイケル・B・ジョーダン、ルピタ・ニョンゴ、ダナイ・グリラ、マーティン・フリーマン、レティーシャ・ライト、ウィンストン・デューク、フォレスト・ウィテカー

アベンジャーズ / インフィニティ・ウォー（2018）
監督：アンソニー・ルッソ＆ジョー・ルッソ
脚本：クリストファー・マルクス , スティーヴン・マクフィーリー
製作：ケヴィン・ファイギ
出演：ロバート・ダウニー・Jr.、クリス・ヘムズワース、マーク・ラファロ、クリス・エヴァンス、スカーレット・ヨハンソン、ベネディクト・カンバーバッチ、トム・ホランド、チャドウィック・ボーズマン、クリス・プラット、ジョシュ・ブローリン、アンソニー・マッキー、ブラッドリー・クーパー、ヴィン・ディーゼル、ポム・クレメンティエフ、レティーシャ・ライト

点の過激派組織「ブラックパンサー党」の存在と歴史を示唆的に踏まえていることである。同党とマーベルコミックはまったく関係ないと公言されてきたが（ちなみにブラックパンサーのコミックブックへの初登場と党結成は奇しくも同じ1966年）、自らもオークランド出身のクーグラー監督は、ブラック・ライヴズ・マター運動に遠く先駆けたブラックパンサー党の闘争と意義、あるいは同時期の公民権運動を現在的な視座から再定義しようと試みたように思える。本作の幼くしてオークランドに置き去りにされ、黒人の社会的立場の向上という亡き父の悲願を受け継ぐキルモンガー（マイケル・B・ジョーダン）は、マルコムX型の急進的な暴力革命に向かうブラックパンサー党の末裔と言える。対して和平・共存派、言うなればキング牧師的なヒーローが、チャドウィック・ボーズマンが演じたブラックパンサーこと新国王のティ・チャラという図式だ。このふたつの思想、テーゼとアンチテーゼの激突がドラマツルギーの基本軸。すなわち本作は「ブラック・イズ・ビューティフル」の理念を高次の形に成熟させるべく、ブラックパンサーという名称の意味をアップデートしたのだと整理できる。

このエポックな一本を経て、監督のバトンは三度目のルッソ兄弟の手に渡された。『アベンジャーズ／インフィニティ・ウォー』（18）。本作では『アベンジャーズ』から姿を現わしていた狂えるタイタン星人のサノス（ジョシュ・ブローリン）が、ついにメインのスーパーヴィラン＝ラスボスとして登場する。アベンジャーズは『シビル・ウォー／キャプテン・アメリカ』の内紛で分裂状態にあったが、サノスの脅威を知りトニー・スタークを中心に再集結に向かう。当然、独自判断の行動なため、スーパーヒーローたちを国連の管理下に置くというソコヴィア協定を無視する形だ。

しかしサノスはアベンジャーズの攻撃を蹴散らし、宇宙を支配する力を持てるという6つの「インフィニティ・ストーン」を次々と手に入れていく。それらが全て集まった時、彼は神にも等しい権限を獲得する。そして映画の最後、左手の指を鳴らすスナップ——日本での通称「指パッチン」で、なんと全宇宙の半分の生命を一瞬で消滅させてしまった。

このひとりの権力者によるあまりに巨大な規模の大虐殺は、MCUでも最大の衝撃をもたらしたと言っていいだろう。先ほどは狂えるタイタン星人と記したが、しかしサノスの思想は簡明直截である。要は全体をデジタルに考える身も蓋もない合理主義者だ。持続可能な宇宙の均衡を保つためには、生きているだけで有害な負荷を環境にもたらす人間の数を減らすしかない。人口増加に伴う食糧危機や環境汚染も、それこそが抜本的な解決方法なのかもしれない。これは人間存在の矛盾に食い込む、究極的な問いかけとなる「正義」の形である。しかし行使されたら、個々の生命や意志は排除される。万能感を得た独裁者の掲げる「正義」、パワーを持つ者が「消す側」に回る特権や傲慢を人類は容認できるのか。我々は誰もが「消される側」かもしれないのに。これに抗するアベンジャーズは総力戦を展開しながらも、サノスの蛮行を止められなかった。

圧倒的にシリアスな緊張感が高まり、いよいよ「フェーズ3」並びにインフィニティ・サーガは全体のクライマックスへと突入していく。まずは緩急の「緩」を提供してくれる抜群に楽しいペイトン・リード監督の『アントマン&ワスプ』(18)が投入され、次に『キャプテン・マーベル』(19)の登場だ。これはMCUのみならず、マーベル・スタジオ初の女性のスーパーヒーローが単独で主人公として立つ映画であり、その意味では『ブラックパンサー』と双璧と言えるエポックな一本。もともと米空軍のテストパイロットとして辛酸を舐めたキャプテン・マーベルことキャロル・ダンヴァース(ブリー・ラーソン)の半生と新たな旅立ちの物語は、長らく暗黙の

アントマン＆ワスプ（2018）
監督：ペイトン・リード
脚本：クリス・マッケナ、エリック・ソマーズ、ポール・ラッド、アンドリュー・バレル、ガブリエル・フェラーリ
製作：ケヴィン・ファイギ、スティーヴン・ブルサール
出演：ポール・ラッド、エヴァンジェリン・リリー、マイケル・ダグラス、マイケル・ペーニャ、ハンナ・ジョン＝カメン、ローレンス・フィッシュバーン、ミシェル・ファイファー

男性優位が支配してきた歴史の読み直しと刷新であり、もちろん２０１７年から巻き起こった #MeToo 運動に呼応したニュースタンダードへの志向である。

さて、こうして役者は揃った。ルッソ兄弟による連作のフィナーレ――「政治の季節」の決着点として、『アベンジャーズ／エンドゲーム』（19）という最終決戦の巻が立ち現れる。ここではアントマンの量子力学によるタイムトラベルの術が決め手となり、サノスが手中にする前にインフィニティ・ストーンを全て回収する作戦が展開される。その壮絶な闘いの中で、ブラック・ウィドウことナターシャ・ロマノフ（スカーレット・ヨハンソン）が衝撃的な死を迎え、アイアンマンことトニー・スタークも絶命する。キャプテン・アメリカことスティーヴ・ロジャースは、自分が本来生きていた過去の時代に戻り、恋人ペギー・カーターと人生を共に過ごすことを決め、「正義」の印でもあるシールドをファルコンの手に継がせる――。サノスの全体主義を打ち砕き、リベラル多元主義へと未来への希望を繋ぐ。多様性に満ちたスーパーヒーローたちの勇姿には「ポリコレ優等生」の貌もなくはないが、しかしルッソ兄弟は、この時代において、

キャプテン・マーベル（2019）
監督：アンナ・ボーデン＆ライアン・フレック
脚本：アンナ・ボーデン＆ライアン・フレック＆ジェネヴァ・ロバートソン＝ドゥウォレット
ストーリー：ニコール・パールマン＆メグ・レフォーヴ＆アンナ・ボーデン、ライアン・フレック＆ジェネヴァ・ロバートソン＝ドゥウォレット
製作：ケヴィン・ファイギ、スティーヴン・ブルサール
出演：ブリー・ラーソン、サミュエル・L・ジャクソン、ベン・メンデルソーン、ジャイモン・フンスー、リー・ペイス、ラッシャーナ・リンチ、ジュード・ロウ

アベンジャーズ / エンドゲーム(2019)
監督:アンソニー&ジョー・ルッソ
脚本:クリストファー・マルクス、スティーヴン・マクフィーリー
製作:ケヴィン・ファイギ
出演:ロバート・ダウニー Jr.、クリス・エヴァンス、マーク・ラファロ、クリス・ヘムズワース、スカーレット・ヨハンソン、ジェレミー・レナー、ドン・チードル、ポール・ラッド、ブリー・ラーソン、カレン・ギラン、ダナイ・グリラ、ベネディクト・ウォン、ジョン・ファヴロー、ブラッドリー・クーパー、グウィネス・パルトロウ、ジョシュ・ブローリン

このサーガの大団円はこれしかないという最適解を弾き出したのだ。2019年7月時点の世界興収は27億9000万ドル超を記録し、ジェームズ・キャメロン監督の『タイタニック』(97)や『アバター』(09)を抜いて歴代トップに立った(2023年現在は再上映のあった『アバター』が再び第1位に返り咲いたが、『アベンジャーズ/エンドゲーム』は第2位をキープしている)。もっとも日本の観客動員ランキングでは、三週目の『名探偵コナン 紺青の拳』(19)にトップを死守され、『アベンジャーズ/エンドゲーム』は初登場第2位にとどまった事件も当時吃驚したが!

さらに「フェーズ3」&インフィニティ・サーガはもう一本加えて幕を閉じる。ジョン・ワッツ監督が再登板した『スパイダーマン:ファー・フロム・ホーム』(19)。アイアンマン亡き後、ロールモデル(父性と指針)を求めるスパイダーマンこと高校生ピーター・パーカーの模索の旅を描く瑞々しい傑作に仕上がり、我々ファンは文句なしの満腹感と幸福感に包まれた。しかしまさかこの翌年、新型コロナウイルスによるパンデミックという別の「指パッチン」が世界を闇に陥れるとは想像だにしなかったのだが。

スパイダーマン:ファー・フロム・ホーム(2019)
監督:ジョン・ワッツ
脚本:クリス・マッケナ、エリック・ソマーズ
製作:ケヴィン・ファイギ、エイミー・パスカル
出演:トム・ホランド、サミュエル・L・ジャクソン、ゼンデイヤ、コビー・スマルダーズ、ジョン・ファヴロー、ジェイコブ・バタロン

シットコム世界に閉じこもる魔女――『ワンダヴィジョン』

光岡三ツ子

サノスとの激闘で最愛の恋人ビジョンを失った後ワンダは姿を消し、彼女の仲間たちも、観客もその行方を知ることはなかった。しかし、彼女は突然現れた。死んだはずのビジョンと共に、謎の電波に乗った古いシットコム風ドラマの中で。

傷心のあまり我を忘れたワンダは、子供時代に幸せな気持ちで観ていた米国産シットコムの世界に逃避したのだ。彼女は現実改変能力で田舎の小さな町を乗っ取り、住民たちをも巻き込んで、自分たち夫婦と生まれた双子たちによるドタバタだが幸せな家庭を演じ続ける。視聴者はこの現象に気づいた政府の解析チームと共にこのドラマ『ワンダヴィジョン』を見つめ続けることになる。一回ごとに60年代、70年代、80年代…とセットが様変わりしていくギミックや、ワンダの心象風景の織りなす謎はＳＮＳで毎回トレンドとなり、映画『X-MEN』シリーズでクイックシルバー（ピエトロ）を演じたエヴァン・ピーターズが同役を名乗って登場した時は、すわFOXとMCUとの融合かと話が加熱した一幕もあった（実際は違ったわけだが……）。

私欲のために町を占拠するヴィランと化したワンダを説得するのは、政府組織のエージェント、モニカ・ランボー。『キャプテン・マーベル』で登場したキャロルの親友マリアの娘だ。彼女の温かい共感がワンダの心を動かし、町は解放されるが、魔女アガサによる介入でワンダはさらなる闇の領域に踏み込むこととなってしまう。

数々の名作コミックからヒントを得た奇抜な設定に連続ドラマならではのギミックを盛り込み、過去作品からの既出のキャラクターたちが続々登場し、『ドクター・ストレンジ／マルチバース・オブ・マッドネス』、この事件でパワーを得たモニカがヒーローとして登場する『マーベルズ』へと続く展開など他作品へのリンクも豊富な本作は、まさにMCUドラマ第一弾として面目躍如と言えるだろう。この先もアガサを主役にしたドラマなど続編が控える。

ワンダヴィジョン（2021）
監督：マット・シャックマン
脚本：ジャック・シェイファー、グレッチェン・エンダース、ミーガン・マクドネル、ボバク・エスファルジャーニ
企画：ジャック・シェイファー
製作総指揮：ケヴィン・ファイギ、ルイス・デスポジート、ヴィクトリア・アロンソ、マット・シャックマン、ジャック・シェイファー
出演：エリザベス・オルセン、ポール・ベタニー、テヨナ・パリス、カット・デニングス、ランドール・パーク、キャスリン・ハーン

キャプテンの盾の行方——

『ファルコン＆ウィンター・ソルジャー』

侍功夫

キャプテン・アメリカから盾を引き継いだファルコンだったが、不相応さを感じ政府へ寄贈してしまう。しかし、テロ集団と対峙する中でキャプテンが自分に盾を継承させた意味を考えていく。

キャプテン・アメリカ直系なだけあって、テロ集団誕生の背景や超人血清の実験台となった黒人の存在など、アベンジャーズの活躍の光が落とす濃く暗い影に焦点を合わせた重厚さが魅力。ただ、バッキーとのコントじみた反目やシャバを満喫するバロン・ジモなど笑える場面も多い。

アクション面では政府が任命した新キャプテン／ジョン・ウォーカーの野蛮な活躍や、ファルコンが自由自在に空を飛び回って相手を翻弄しながら戦う様子は実に映像映えする。

ファルコン＆ウィンター・ソルジャー（2021）
監督：カリ・スコグランド
企画：マルコム・スペルマン
製作総指揮：ケヴィン・ファイギ、マルコム・スペルマン、カリ・スコグランド
出演：アンソニー・マッキー、セバスチャン・スタン、ダニエル・ブリュール、ワイアット・ラッセル、ドン・チードル

マルチバースでも魅せる愛されヴィラン——『ロキ』

真魚八重子

ＭＣＵで想定外の反応を生んだ存在がロキだろう。邪神ながら魅惑的で、これほど愛されるヴィランもいなかった。もし四次元キューブをロキが手にして逃げていたら……？　という新たな展開によって、ドラマシリーズ『ロキ』として彼は再生した。このロキ版マルチバースでは、ロキを捕らえたＴＶＡという謎の組織が、彼の更生のため様々な時代にロキを送り込む。ロキの相棒となるメビウス（オーウェン・ウィルソン）も、意外な組み合わせだがこれが良い。マルチバースでも邪神だけあって、様々なロキが集う回ではワニのロキまでいる。それにロキが女性のロキと恋に落ちるロマンスまで……。果たしてシーズン２ではヴィランの「在り続ける者／カーン」がどのような影響をもたらすのか、気になるところだ。

ロキ シーズン１（2021）
監督：ケイト・ヘロン
企画：マイケル・ウォルドロン
製作総指揮：ケヴィン・ファイギ、ルイス・デスポジート、ヴィクトリア・アロンソ、スティーヴン・ブルサード、トム・ヒドルストン、ケイト・ヘロン、マイケル・ウォルドロン
出演：トム・ヒドルストン、ソフィア・ディ・マルティーノ、ググ・ンバータ＝ロー

＊シーズン２は 2023 年 10 月放映開始

破竹の勢いの追憶――『ブラック・ウィドウ』

中沢俊介

2010年の『アイアンマン2』で初登場して以来、10年あまりMCUを支えてきたスカーレット・ヨハンソン演じるブラック・ウィドウことナターシャ・ロマノフ。満を持しての主演作であり、掉尾を飾ることにもなった卒業記念的な作品は、生身のアクションを大々的にフィーチャーしたスパイ・スリラーだった。

『アベンジャーズ/エンドゲーム』(19)ですでに彼女は命を落としていたため、描かれたのは『シビル・ウォー/キャプテン・アメリカ』(16)で政府に追われる逃亡者となってから、『アベンジャーズ/インフィニティ・ウォー』(18)で再び姿を見せるまでの、潜伏中の秘話。彼女をはじめとする女性暗殺者〝ウィドウ〟を生みだしてきたスパイ養成施設レッドルームや、アメリカでの潜入任務のためにでっち上げられた偽装家族など、彼女のロシア時代の過去が掘り下げられた。

『アベンジャーズ』（12）以降の作品内で、何度か言及されていた〝ブダペストでの出来事〟が物語の軸となり、『インフィニティ・ウォー』と『エンドゲーム』で彼女が着ていた上着の由来が明かされるなど、シリーズ展開が前提となるMCU作品ならではのフックはある。とはいえ、主人公以外で本編に姿を見せる既出のキャラクターは、彼女を追跡するサンダーボルト・ロス将軍（ウィリアム・ハート）くらい。その代わりに、初登場のキャラクターたちを媒介として、これまであまり注目されなかった彼女の人間性がじっくりと描かれた。

特に重要な役割を果たすのが、本人を含めて3人のウィドウと、ロシア版超人兵士からなる偽装家族である。有能ながら体制には逆らえなかった母親役メリーナ（レイチェル・ワイズ）が暗い過去を象徴する一方、任務にしか生きがいを見いだせない無骨な父親役アレクセイ／レッド・ガーディアン（デヴィッド・ハーバー）がコメディリリーフとして緊張を和らげる。どちらも存在感を発揮しつつ、見事に役割を果たしている。だが本作のMVPは間違いなく、未来に向かってあがく妹役エレーナを演じたフローレンス・ピューだろう。2019年に『ファイティング・ファミリー』、『ミッドサマー』、『ストーリー・

オブ・マイライフ／わたしの若草物語』と誰でもどれか一つは心に刺さるはずな作品群に立て続けに出演した勢いもそのまま、表情や身振りの一つ一つまで目が離せない、鮮烈な演技を披露した。

ウィドウたち女性陣を中心にした激しい活劇描写も見逃せないところだ。冷戦を背景にした女性スパイのアクションという点で、『アトミック・ブロンド』（17）、『レッド・スパロー』（18）、『ANNA／アナ』（19）の延長線上にあるような、地に足のついた肉弾戦が満喫できる。とはいえ、相手の動きを模倣できる敵タスクマスターや、空に浮かぶ巨大要塞など、アメコミ映画らしい荒唐無稽さももちろん健在である。

高所から落ちたウィドウの一人の、ねじれた足をはっきりと映しだす冷徹な視点も忘れられない。本作で監督を務めたケイト・ショートランドは、前監督作『ベルリン・シンドローム』（17）で、旅先でサイコパスめいた青年に監禁され、心まで支配されそうになる女性バックパッカーをじっくりと描いた。少女ばかりをさらい、スパイに育てて影から操る卑劣な敵ドレイコフを倒して得られるカタルシスは、この監督だからこそ表現できたのだろう。

……などとつらつらと作品評を書いてきたが、本作に関しては、劇場公開時の状況も記しておかねばなるまい。当初、2020年5月に公開を予定していた本作は、折からのコロナ禍によって予定が二転三転して、結局2021年7月に動画配信サービスのディズニープラスでの公開（要プレミアム料金）と同時に封切られた。しかも、日本では上映した映画館の数も限られていた。

筆者は当時、普段よく使う新宿では見られなかったため、さらに電車で30分ほど行った木場の映画館で鑑賞した。道中や、閑散とした劇場内に漂う緊張感も手伝って、すがるような気持ちで画面に見入った記憶がある。しかも、設定として過去が舞台だったせいもあってか、『キャプテン・アメリカ／ウィンター・ソルジャー』（14）から『エンドゲーム』あたりのマーベル映画の破竹の勢いを、映画館で再び感じられた気がして、なんだかほっとしたものだった。

すでに配信ドラマも始まっていた本作後、マーベル映画はより本格的に、新たな〝フェーズ〟や〝サーガ〟に向けた仕込みにかかることになる。そういった意味でも、本作（と2023年の『ガーディアンズ・オブ・ギャラクシー：VOLUME 3』）は特殊な位置にあるといえる。

ブラック・ウィドウ（2021）
監督：ケイト・ショートランド
脚本：エリック・ピアソン
製作：ケヴィン・ファイギ
出演：スカーレット・ヨハンソン、フローレンス・ピュー、デヴィッド・ハーバー、O・T・ファグベンル、レイ・ウィンストン、レイチェル・ワイズ

ファン心をくすぐる「もしも」のショートストーリー――『ホワット・イフ…?』

侍功夫

MCUマルチバースを描くアニメ・シリーズ。もしもエージェント・カーターに超人血清が打たれていたら? もしもティチャラがヨンドゥに拐われていたら? といったファン狂喜なエピソードが並ぶ。

基本的には1話完結だが、第8話でヴィジョン、ウルトロン、5つのインフィニティストーンが合体し世界を滅ぼすとウォッチャーが不干渉の誓いを破り、今までの「もしも」ヒーローズを召喚する熱い展開となる。

全話を監督したブライアン・アンドリュースは多くのMCU作品でストーリーボードを担当しており、過去作の名場面を完璧に再現した上で違った世界を観せるのは面目躍如であろう。監督の次回作にアナウンスされているのは『マーベル・ゾンビーズ』だ!

ホワット・イフ…? シーズン1（2021）
監督：ブライアン・アンドリュース
脚本：A・C・ブラッドリー
製作総指揮：A・C・ブラッドリー、ブライアン・アンドリュース、ヴィクトリア・アロンソ、ルイス・デスポジート、ケヴィン・ファイギ、ブラッド・ヴィンダーバウム
声の出演：ジェフリー・ライト、クリス・ヘムズワース、ジェレミー・レナー、トム・ヒドルストン、チャドウィック・ボーズマン、サミュエル・L・ジャクソン

香港映画へのオマージュに溢れたアクション見本市――

『シャン・チー／テン・リングスの伝説』

高橋ターヤン

サノスとの激闘を終え、インフィニティ・サーガが終了した2021年。マルチバース・サーガとして配信シリーズの『ワンダヴィジョン』『ファルコン&ウィンター・ソルジャー』『ロキ』、そして久々の劇場公開作『ブラック・ウィドウ』が発表されたが、これらはインフィニティ・サーガと地続きの物語であり、世界のファンはMCUをリセットするようなフレッシュなニューヒーローを求めていた。そんな中、マーベルが送り出したのが『シャン・チー／テン・リングスの伝説』（21）であった。

シャン・チーはMCU初のアジア系スーパーヒーロー。アメリカのアンダーグラウンドシーンで密かなブームとなっていたカンフー映画が、ブルース・リーの『燃えよドラゴン』（73）の登場で一気に認知度を上げた1973年12月にコミックデビューしている。武術に精通し、多くのスーパーヒーローの師匠となるシャン・チーは、人間でありながら修行によって他のスーパーヒーローや神々に匹敵する戦闘力を有する稀有なキャラクターだ。

　そんなシャン・チーは何度か映画化の構想があり、ブルース・リーの息子であるブランドン・リー主演作や『ハルク』（03）のアン・リー監督作などの企画が存在していたが、結局実現することは無かった。そんな中、他のMCU作品に一切ゲスト出演しないまま突然マルチバース・サーガで主役の映画が公開されるという異例の作品となったのが本作だ。

　サンフランシスコのホテルで働くショーンは、同僚のケイティと通勤中のバスで謎の集団に襲われる。ショーンは流麗な武術で襲撃者たちを撃退するが、身に着けていた母リーの形見のペンダントを奪われてしまう。襲撃者はテン・リングスという秘密組織のメンバーであり、その総師ウェンウーはショーンの父であった。ショーンの本名はシャン・チーであり、父ウェンウーによって暗殺者として訓練されたが、父の下を去ってサンフランシスコで暮らしていたのだった。次に狙われるのは妹のシャーリンであると察知したシャン・チーは、ケイティと共にマカオへ向かうが……。

　本作の見所は、多様なキャストの大活躍やMCUお得意の親子の対立と融和、過去のMCU作品との繋がり、超可愛い異世界生物（モーリスの死んだふり最高！）など数多くあるが、何といっても香港アクション映画の歴史を振り返る、見本市のようなアクションシーン群に尽きるだろう。

オープニングでウェンウーとリーが出会うシーンは新旧武侠映画へのオマージュ。幻想的な竹林で軽功を使って文字通り飛びながら戦うシーンは、伝統的なワイヤーアクションをベースにしたアクション。もちろん女性の方が強く、戦いの中でお互いの恋愛感情がスパークするのもお約束だ。『グリーン・デスティニー』（00）で世界が度肝を抜かれた名シーンを思い出す方も多いだろう。

そしてバスで初めてショーンがその実力を披露するアクションシーンは、ジャッキー・チェン映画のオマージュだ。上着を着たり脱いだりするジャケットアクションから始まり、戦いの中で何かを奪い合ったり、手近なものを武器にしていくアクションはジャッキーの十八番。中でも『WHO AM I?』（98年）のアクションの影響は色濃いと感じる。

さらにマカオの地下闘技場ではバラエティ豊かな格闘ゲーム風味のアクションが展開され、竹の足場が組まれた建設現場でのテン・リングス襲撃シーンは『ラッシュアワー2』（01）を髣髴とさせるし、仮面の暗殺者デス・ディーラーとの対決では、『酔拳』（79）の監督であるユエン・ウーピン大師匠が得意とする回転系の技を真上から俯瞰するカットが戦いを盛り上げる。

そしてクライマックスではオスカー女優ミシェル・ヨーと、ブルース・リーのスタントダブルを務めた名手ユン・ワーも参戦。近年の中国アクション映画で大流行している巨大生物との大バトル（レンタルビデオ店に行ってみてください、腐るほどあります）まで、これでもかというほどの大サービスっぷりで大団円を迎える。

このゴージャスなアクションを作り出したのは、オーストラリア人ながらジャッキー・チェンのスタントチーム成家班のメンバーで、『ゴージャス』（99）でジャッキーのライバルを演じたブラッドリー・ジェームス・アラン。ジェット・リーやドニー・イェンの同門でもあるアランは、『キングスマン』シリーズの第2班監督を務めるなどハリウッドでも素晴らしい仕事をしていたが、本作公開の一カ月前に急死してしまう。本作のエンドクレジットは急遽変更され、映画の完成度を飛躍的に高めたアランに対する献辞が贈られているので最後までご覧になって頂きたい。

シャン・チー / テン・リングスの伝説（2021）
監督：デスティン・ダニエル・クレットン
脚本デイヴ・キャラハム、デスティン・ダニエル・クレットン、アンドリュー・ラナム
製作：ケヴィン・ファイギ、ジョナサン・シュワルツ
出演：シム・リウ、オークワフィナ、メンガー・チャン、ファラ・チャン、フロリアン・ムンテアヌ、ベネディクト・ウォン、ミシェル・ヨー、トニー・レオン

来たるべき「映画的世界《シネマティック・ユニバース》」——『エターナルズ』

佐々木敦

近年のマーベルは新進気鋭の監督の起用に非常に意欲的だが、その中でも『エターナルズ』（21）のクロエ・ジャオは特別な意味を持った存在と言ってよいだろう。ある意味では映画の内容よりも、この抜擢の方がはるかに興味深い。それはMCUのみならず、現在、そして未来の「映画的な世界（Cinematic Universe）」の有様を指し示しているように思われる。

クロエ・ジャオ（趙婷）は1982年中国北京生まれで、国籍は現在も中華人民共和国である。十五歳の時にイギリスの寄宿学校に入り、卒業後はアメリカに渡って高校と大学（政治学）を卒業、その後、ニューヨーク大学芸術学部（TISCH）で映画製作を学び、キャリアをスタートさせた。

何本かの短編で注目された後、長編劇映画『Songs My Brothers Taught Me』(15)で監督デビューを果たした。アメリカ中西部サウスダコタ州のインディアン慰留地のラコタ族(スー族)の兄妹の物語で、私は未見だが、予告編を観る限り、ナチュラルな美しい風景と、手持ちキャメラによる撮影、ロデオの場面など、次作『ザ・ライダー』(17)に連なる要素が幾つも見出せる。ジャオの評価を一気に高めたのは、その『ザ・ライダー』だった。この作品は第53回全米映画批評家協会賞で作品賞を、第70回カンヌ国際映画祭の監督週間で上映されて芸術映画賞を受賞した。前作と同じくサウスダコタで全編ロケーションされ、落馬事故によって人生と精神の危機に陥るロデオライダーと、その家族を描いたものである。この作品の最大の特色は、主演のブレイディ・ジャンドローが彼自身の実体験を自ら演じており、そればかりか彼の家族(自閉スペクトラム症のブレイディの妹リリーの存在感が素晴らしい)を始めとする他の登場人物たちも皆、その人自身が演じている、ということである。もちろん全員が演技にかんしては素人だった。役名は一部変更されており(そのままの人もいる)、フィクションとしての改変も多少なされているが、要するに「本人たちによる再現フィルム」である。だがこの事実を知らずに観たとしたら、間違いなく「素人が自分自身を演じた映画」だとは思わないだろう。それほどにナチュラルでリアルなのだ(実際にそうなのだが)。

このような映画の作り方は一時期のクリント・イーストウッド監督が何度か試みていた。USエアウェイズ1549便不時着水事故を描いた『ハドソン川の奇跡』(16)では、主人公の機長をトム・ハンクスが演じたが、乗組員や事故にかかわった人々の多くを実際にその人自身が演じている。だが、より徹底しているのは『15時17分、パリ行き』(18)である。この映画では、2015年8月21日にアムステルダムからパリに向かう高速鉄道タリス内で発生した銃乱射事件で犯人に立ち向かった三人の青年を当人たちが自ら演じている。この映画も『ザ・ライダー』に負けず劣らずナチュラルでリアルであり、「演技」とは何かということをあらためて考えさせられる。

イーストウッドとジャオの試みに直接の影響関係があるのかどうか私は知らないが、ここに「当事者性」というハリウッドが最近になって急激に直面している問題が露出していることは確かだろう。そして『ザ・ライダー』を観たフランシス・マクドーマンドが自分が製作し主演する作品の監督にジャオを抜擢する。『ノマドランド』(21)である。マクドーマンドに三度目のアカデミー主演女優賞を齎したほか数々の映画賞に輝いたこの作品では、2008年のリーマンショックで自宅を手放さざるを得なくなり自家用車で生活しながら職を求めて全米を移動する「ノマド」が描かれている。この映画でもマクドーマンドとデヴィッド・ストラザーン以外のキャストは実際に車上生活を送る人々がキャスティングされた。

『ノマドランド』の次が『エターナルズ』なのだから、極めて特異なシンデレラ・ストーリーと言ってよいだろう。さすがにスーパーヒーローを「本人」が演じるわけにはいかないが、ここでジャオは「当事者性」ではなく「多様性」を映画の核心に置いた。人種や国籍のそれは現在のハリウッド映画ではもはや珍しくないが、ブライアン・タイリー・ヘンリーが演じたファストスはゲイ、ローレン・リドロフが演じたマッカリは聴覚障害者であり、どちらもMCUでは初のスーパーヒーローだった（リドロフは聴覚障害当事者である）。

クロエ・ジャオはマーベルのポリティカル・コレクトネスにとって分水嶺と呼ぶべき作品を撮った。彼女の新作はマギー・オファーレルの小説『ハムネット』の映画化で、シェイクスピアの妻の従来の悪妻イメージを一変させる内容とのこと。ではMCUは？　ヒーローとPCの両立（？）は、これからどうなっていくのだろうか？

エターナルズ（2021）
監督：クロエ・ジャオ
脚本：クロエ・ジャオ、パトリック・バーリー
ストーリー：ライアン・フィルポ、カズ・フィルポ
製作：ケヴィン・ファイギ、ネイト・ムーア
出演：ジェンマ・チャン、リチャード・マッデン、クメイル・ナンジアニ、リア・マクヒュー、ブライアン・タイリー・ヘンリー、ローレン・リドロフ、バリー・コーガン、マ・ドンソク、ハーリッシュ・パテル、キット・ハリントン、サルマ・ハエック、アンジェリーナ・ジョリー

新旧ホークアイの逃走劇——

『ホークアイ』

侍功夫

サンクスギビングに合わせて配信されたホークアイ／クリント・バートンの単独作。コミックではホークアイの名を継ぐケイト・ビショップと、MCUの新ドラマ『Echo』の主人公になるマヤが初登場。そしてネットフリックス版ドラマ『デアデビル』の悪役、キングピンの復帰作にもなっている。

クリントが悪党を殺しまくっていた頃のローニン・スーツを盗んだのは、彼に憧れるケイトだった。スーツを取り戻すべく彼女に近づくクリントだが、ちょっかいを出したジャージ・ギャングやブラック・ウィドウの妹に追われるアクション満載の逃走劇となる。しかし、ドラマの焦点はケイトの成長に合わせられ、健やかなラストもあり、爽やかな印象が残る。

ホークアイ（2021）
企画：ジョナサン・イグラ
製作総指揮：ケヴィン・ファイギ、ルイス・デスポジート、ヴィクトリア・アロンソ、トリン・トラン、ブラッド・ヴィンダーバウム、リス・トーマス、ジョナサン・イグラ
出演：ジェレミー・レナー、ヘイリー・スタインフェルド、ヴェラ・ファーミガ、トニー・ダルトン

大人になったピーター・パーカー――『スパイダーマン：ノー・ウェイ・ホーム』

長谷川町蔵

トム・ホランドがピーター・パーカーに扮したスパイダーマン第一作『スパイダーマン：ホームカミング』（17）を初めて観たとき、「MCUは学園映画としてのスパイダーマンを全うするつもりなのではないか」と思った。タイトルになった「ホームカミング」とは、アメリカの高校で卒業生を招いて開催される学内行事を指す名称で、映画はピーターが高校生であることをこれまで以上に強調していたからだ。その予想に応えるかのように、続く『スパイダーマン：ファー・フロム・ホーム』（19）のモチーフは修学旅行。これは第三作のタイトルは『スパイダーマン：プロムナイト』になるに違いないと勝手に予想していたものだ。

しかし『ファー・フロム・ホーム』のラストシーンで、スパイダーマンの正体がピーターであることが明かされてしまい、これが原因となってピーターはもちろんＭＪとネッドまでも志望大学のマサチューセッツ工科大学から不合格を言い渡されてしまう。

困ったピーターは、アベンジャーズの同僚ドクター・ストレンジに頼み込んで、全ての人々からスパイダーマンの正体を忘れさせる呪文を詠唱してもらうが、ピーターが途中で邪魔したために失敗。それどころか彼がスパイダーマンであることを知るヴィランたちを、他のマルチバースから呼び寄せてしまう……。ピーターの活躍はお気楽な学園映画の範疇から大きく外れてしまうわけだ。

前二作との大きな差異をもたらしたのは、戦いをもたらした責任の在処にある。『ホームカミング』のヴィラン、バルチャーは、アイアンマンことトニー・スターク率いるスターク・インダストリーズに仕事を奪われた産廃処理業者、『ファー・フロム・ホーム』のヴィラン、ミステリオはスターク・インダストリーズを解雇された科学者だった。要するにピーターはトニー・スタークの代理で戦っていただけだった。ところが今回のトラブルはピーター自身に起因している。彼は大人としての責任を引き受けざるをえなくなるのだ。

ホランド版ピーターのお気楽さは、彼の置かれた環境にも起因していた。これまでの『スパイダーマン』のピーターは、老人といっていい年齢のベンおじさんとメイおばさん夫妻に慎ましく育てられていたが、ピーターのミスでベンは死に、それがピーターにヒーローとしての責任感を与えていた。しかしホランド版ピーターは歳の離れた姉にしか見えない「美人すぎる」メイおばさんと友達のように暮らしている設定。マリサ・トメイ演じるこのメイもどうやら未亡人らしいのだが、随分前に亡くなったベンの死にはピーターは関わっていない。加えてピーターには師といえる前述のトニーやドクター・ストレンジなどアベンジャーズの仲間たちがおり、決して孤独な戦いを強いられているわけではなかった。

しかし『ノー・ウェイ・ホーム』において、ピーターは他のバージョンのピーターたちとの差異をすべて失なう。これ以上なく残酷な形でヒーローになるイニシエーションを課せられ、スターク・インダストリーズ製のハイテク・スーツも使用できなくなる。ラストシーンのピーターは、これまでのピーター同様、孤独なヒーローとして描かれる。こうした帰着点を持つ物語に、ほかのマルチバースのピーターが登場するのは、だから必然なのかもしれない。

骨格だけ取ればシリアスすぎる物語でありながら、それでもギャグ満載のエンターテインメントとして見せてくれるところが、本作の魅力である。何よりの見どころはサム・ライミ監督の『スパイダーマン』三部作でピーターを演じたトビー・マグワイア、マーク・ウェブ監督の『アメイジング・スパイダーマン』二部作でピーターを演じたアンドリュー・ガーフィールドが別のマルチバースのピーターとして登場するサプライズ。ふたりが過去に戦ったグリーン・ゴブリン、ドクター・オクトパス、サンドマン、リザード、エレクトロもオリジナル・キャストで再登場する。そこに溢れているのは、『スパイダーマン』という存在そのものへの全面的な愛だ。特に恋人のグウェンを過って落下死させたガーフィルド版ピーターが、全く同じシチュエーションで落下するMJを救ってトラウマを克服するシーンには唸らされた。

MCU版『スパイダーマン』はあと三作製作されるとの噂があるけど、『スパイダーマン』とは何たるかを総括した意味において、本作こそが真の完結編であるとの位置づけは今後も変わらないはずだ。

スパイダーマン：ノー・ウェイ・ホーム
監督：ジョン・ワッツ
製作：ケヴィン・ファイギ、エイミー・パスカル
脚本：クリス・マッケナ、エリック・ソマーズ
出演：トム・ホランド、ゼンデイヤ、ベネディクト・カンバーバッチ、ジョン・ファヴロー、ジェイコブ・バタロン、マリサ・トメイ

多重人格ヒーローの異色作――

『ムーンナイト』

侍功夫

多重人格のヒーロー、ムーンナイトの単独作。気弱な男スティーブンの別人格で傭兵のマークはエジプトの神様コンスの依り代でもあった。スティーブンは預かり知らぬうちに宝物スカラベの争奪戦へ巻き込まれてしまう。

他のMCU作品との関わりは薄く『ファルコン&ウィンター・ソルジャー』に登場する犯罪都市マドリプールの名が会話に登場する程度。2話目から舞台をエジプトへ移すため映像には砂埃が漂うエキゾチックな空気が立ち籠め、さらに後半はマークの脳内で悪夢めいた世界の中で人格をめぐる陰鬱な展開をしていく。また、ムーンナイトの戦いはヒーローにしては暴力的過ぎで、総じてMCU作品群とは一線を画した異色作になっている。

ムーンナイト（2022）
監督：モハメド・ディアブ、ジャスティン・ベンソン、アーロン・ムーアヘッド
脚本：ジェレミー・スレイター
原作：ダグ・モーンチ、ドン・パーリン
製作総指揮：ケヴィン・ファイギ、ルイス・デスポジート、ヴィクトリア・アロンソ、ブラッド・ヴィンダーバウム、グラント・カーティス、オスカー・アイザック、モハメド・ディアブ、ジェレミー・スレイター
出演：オスカー・アイザック、メイ・キャラマウィ、カリム・エル・ハキム

モックアップ・マッシュアップ・オール・アット・ワンス・アポン・ア・タイム・イン・アメリカ——『ドクター・ストレンジ／マルチバース・オブ・マッドネス』

ヒロシニコフ

サム・ライミがマーベル映画に復帰！　と大いなる話題を呼んだ『ドクター・ストレンジ／マルチバース・オブ・マッドネス』。前作を監督したのがホラー畑のスコット・デリクソンであったことを考えると、伝説的ホラー映画『死霊のはらわた』（81）で身を立てたライミの登板は自然に思えたうえ、『スパイダーマン』（02）でマーベル原作映画をメインストリームへと押し上げた手腕が、サノス戦の大団円を迎え停滞を見せるMCUにいかなる新風を吹き込むのか、と多くの観客の期待を煽っていたのは記憶に新しい。

そして、いざ蓋を開けてみると……たしかにサム・ライミ「らしい」映画となっていた。邪悪な力を秘めた書、死霊の群れ、ゾンビのように動く死体、などなど『死霊のはらわた』

PHASE 4

シリーズで見られたホラー要素が目白押しだ。うーん、これぞまさにサム・ライミ！ よくやってくれたＭＣＵ！ ……と素直に喜べるほど観客も幼くない。このサム・ライミ「らしい」は本人の持ち味、という意味ではなく「モックアップ（模造品）」という意味での「らしい」だ。ライミの作家性は「求められている作品を撮れる」ことにある。何を描いたら観客が満足するか、スタジオが何を求めているか。その点を重視したうえで、自身が偏重するキャンプな味付けと両立させる。その職人っぷりこそが真の意味でのサム・ライミらしさだ。

ではなぜ本作が『死霊のはらわた』のモックアップと化してしまったのか。ここで脚本家マイケル・ウォルドロンによる発言を引用したい。「僕はサムを『死霊のはらわた』のサム・ライミへと近づけようとしたんだ。（中略）それがとてもクールであると思えたからだ。もちろん、サムはケヴィン・ファイギ達のために真っ当なＭＣＵ映画を作ろうとしていた。（中略）ラストの〝デッド・ストレンジ〟は僕のアイデア。だけどサムは当初それを登場させることを嫌がったんだ。自分がサム・ライミだからこんな演出をしたと観客に思われたくなくてね」（マイク・ライアンによるインタビュー）。同じようにライミへのインタビューも見てみよう。「僕は本作をサム・ライミ映画にしようとはしなかった。（中略）〝これはサム・ライミ映画だ〟と僕が考える余裕はなかった。これは本当にマーベル映画なんだ。僕たちには仕えるマスターたちがたくさんいたし、結末の明かされていない多くの物語があった」（『サム・ライミのすべて』）。これらから分かることは、すなわちライミは「『死霊のはらわた』っぽいもの」を志向するウォルドロンから渡された脚本を、制約の多い製作体制の中「職人として」作り上げたということだ。むしろ、サム・ライミ「らしい」と思われる映画にすることに対して否定的であったことすら窺える。

創作に関する自由が少なく、制約が厳しいことで知られるMCU。本作におけるライミの起用やホラー要素の導入は、ウォルドロンの脚本以前にやはり経営戦略として決定されたものだろう。MCUはこれまでアメコミ映画を一般層へ開くべく、映画ジャンルのマッシュアップを図ってきた。箱庭的世界で「ご新規様お断り」となりそうなところ、一人でも多くの観客の興味を惹き新規顧客を獲得するために、アメコミ映画と戦争映画、犯罪映画、スペース・オペラ、コメディ、アクション……等々、様々なジャンルとの掛け合わせを行った。それが今回はホラーであったのだ。ならば『スパイダーマン』のサム・ライミだ！『死霊のはらわた』テイストでいっちょ頼むよ！　と白羽の矢が立つのも無理ない話である。しかし、強い言葉を使うと、これはもはや文化の搾取ではなかろうか。本来の作家性を無視し、パブリックイメージをリサイクルして形骸化した作品を生成する。さらに「マルチバース」とはまあ良くできたシステムで、この設定を活用することで、スパイダーマン歴代キャスト集合や、マイケル・キートンのバットマン復帰（こちらはＤＣだが）など、これまでのレガシーを観客の耳目を集めるがためだけに軽々に消費することが可能となった。新しい何かが創造されることなく、過去に培われ、評価を得たものが一時の金儲けのために世界線を超えて集結させられることになる。レガシーを創造した映画制作者の作家性などお構いなしに、全く異なる映画文脈において単なる「コンテンツ」として再消費されるために。

この歴史を軽視する姿勢はおそろしくアメリカ的である。ご存じの通り、アメリカ合衆国は大国にあって最も歴史が浅い。建国から２５０年に満たないこの国において、歴史の無さはひとつの大きなコンプレックスと言えよう。長き歴史を持たぬからこそ、彼らはレガシーを留めておく感覚を有さず、躊躇なく経済活動へと転落させる。この芸術の神をも畏れぬ大胆さは、歴史、すなわち神話なき国であるがゆえか。そのように考えると、ＭＣＵ、ひいてはアベンジャーズそのものがアメリカにとってコンプレックスの創傷治療、つまり現在進行形での神話の創生なのだ。北欧の神々、アフリカの伝統、中国の武術家……あらゆる歴史や文化を侵略的に引用し、キャラクター化する。そして、彼らを束ねるのは星条旗を施されたコスチュームを身にまとう「キャプテン・アメリカ」だ。アメリカ神話を作るためならいかなる犠牲も厭わない。それが自ら培った歴史と文化の切り売りであっても。

なんという矛盾。まるで己が尾を食むウロボロスの蛇である。

本作『ドクター・ストレンジ／マルチバース・オブ・マッドネス』はサム・ライミという監督の作家性から紐解くと、あまりに底の浅い製作陣の打算が露呈する作品だ。しかし、だからこそ「マルチバース」構造が有する経済的目論見、ひいてはかの国における文化史観まで思いを馳せることができる実に興味深い一本となっている。なにより面白いのは、マルチバースを行き来できる本作のキーパーソンの名が「アメリカ」であること、さらにヴィランと化したスカーレット・ウィッチが「幻影」の使い手であることだ。アベンジャーズなる現在建築中のアメリカ神話において「アメリカ」と「幻影」という言葉が横並びとなる。これは誰が目論んだ皮肉なのだろうか。

ドクター・ストレンジ / マルチバース・オブ・マッドネス（2022）
監督：サム・ライミ
脚本：マイケル・ウォルドロン
製作：ケヴィン・ファイギ
出演：ベネディクト・カンバーバッチ、エリザベス・オルセン、ベネディクト・ウォン、ソーチー・ゴメス、レイチェル・マクアダムス

フレッシュながら王道の移民ヒーロー――『ミズ・マーベル』

光岡三ツ子

カマラ・カーンは郊外の町ニュージャージーに住むパキスタン系二世の女の子。モスクに通い、ムスリムのコミュニティで育ってきた彼女だが、価値観はごく普通のアメリカのティーンエイジャーだ。彼女はアベンジャーズ、とりわけキャプテン・マーベルのオタクで、学業よりもファン活動に夢中。そんな彼女が家に伝わる古びたブレスレットを装着した時、体内から不思議な光が発現した！　固形化する光を放つスーパーパワーを手に入れたカマラは戸惑いつつもその操縦法を学び、同時にパワーの秘密を追って曽祖母、祖母、母の人生を遡ることになる。

思春期の目覚めとリンクするパワーの発現は、スパイダーマン等でもおなじみ、アメコミでは定番の展開だ。パワー発現時の興奮と不安は、子供から大人になる過程で現実に生まれる感情と全く同じであり、誰もが共感できる展開なのだ。加えて移民二世としてのアイデンティティの揺らぎと確立がある。実はこれも異星からの移住者であるスーパーマン等、アメコミではやはり古くから描かれてきた。ひと昔前まで白人の男性主人公が当たり前だったアメコミで、南アジア系の女の子が主人公となったドラマは本作が初となるが、そのテーマは極めて王道。しかし、いかにもZ世代的な言動や、家族のルーツを織り交ぜた彼女らしいドラマは現代風の新鮮味に溢れている。2014年の原作コミック発売開始時も大きな話題となり、オバマ大統領（当時）に賞賛されるなど文化的インパクトも大きかった本作は、各メディアから好意的なレビューを集めた。MCUファンとして注目したいのは、テン・リングスらしき紋章の登場などMCU他作品との繋がり、彼女のパワー源となるマルチバースの別次元の存在、そしてラストに（X-MEN風の曲まで流して）明示された、彼女がミュータントだという事実だろう。まだ新参キャラクターのカマラだが、この先MCUを牽引する存在となっていくことが期待される。

ミズ・マーベル（2022）
監督：アディル＆ビラル、ミーラ・メノン、シャルミーン・ウベード＝チナーイ
脚本：ビシャ・K・アリ、ケイト・グリットモン、フレディ・シボーン、A・C・ブラッドリー、マシュー・チョーンシー、サビール・ピルザダ、ファティマ・アスガル、ウィル・ダン
製作総指揮：ケヴィン・ファイギ、ルイス・デスポジート、ヴィクトリア・アロンソ、ブラッド・ヴィンダーバウム、サナ・アマナット、アディル＆ビラル、ビシャ・K・アリ
出演：イマン・ヴェラーニ、マット・リンツ

父権の外で立ち上がるコメディ――『ソー：ラブ&サンダー』

木津毅

フェーズ1からMCUの重要な一部であったソー・シリーズは、フェーズ3に入った三作目『マイティ・ソー　バトルロイヤル』（17）以降はアベンジャーズのストーリーのなかでその動向が語られたが、『アベンジャーズ／エンドゲーム』（19）でインフィニティ・サーガがひとつの決着を迎えると、フェーズ4に入った本作から再びシリーズ単体での物語や主題に回帰することになった。『エンドゲーム』のその後の展開として映画の序盤でソー（クリス・ヘムズワース）はコーグやガーディアンズ・オブ・ギャラクシーの面々と宇宙で人助けをおこなっているが、そちらが大きく掘り下げられることはなく、地球のニュー・アスガルドを起点として本編が始まる。そこでソーは武器ムジョルニアを得て新たにマイティ・ソーとして覚醒した元恋人ジェーン・フォスター（ナタリー・ポートマン）と再会し、神殺しを目論むゴア（クリスチャン・ベール）を相手にともに戦うことになる。

監督を務めるのはシリーズの前作『バトルロイヤル』同様タイカ・ワイティティで、引き続きコメディ・タッチの強い一本に仕立てられている。とりわけソーとジェーンのやり取りはほとんど典型的なロマンティック・コメディのスタイルと言ってよく、シリーズ一作目『マイティ・ソー』（11）や二作目『マイティ・ソー／ダークワールド』（13）に比べてワイティティらしい朗らかな作風が楽しめる。前作のレッド・ツェッペリンに対して本作ではガンズ・アンド・ローゼズが大きくフィーチャーされロゴもハード・ロック風になっているが、その辺りもある種のノリの軽さを示すものだ。

ただ、それでも本作がシリーズ全体の主題をきちんと踏襲していると感じられるのは、父権を巡る問題においてである。ソー・シリーズは「強く厳格な父／王／男」であるオーディン（アンソニー・ホプキンス）にいかにソーが「立派な息子／跡継ぎ／男」として認められるかについての物語から始まり、弟ロキ（トム・ヒドルストン）との対立といい、父に後継者として認められなかったことに恨みを持っている姉ヘラ（ケイト・ブランシェット）の存在といい、家父長制の内側で繰り広げられる家族間の内輪揉めで展開してきた。いま一作目を見返すと父権に対する批判が乏しくて驚くが、それはこの10年あまりでポップ・カルチャーにおけるジェンダー・イシューの取り扱い方が大きく変化したことの表れでもある。前作で王ではなく難民を率いる長になったソーは、アベンジャーズの物語のなかでその立場もまた奪われ、父権に定義され守られる存在ではなくなった。代わりにニュー・アスガルドで「王」を務めているのはかつて流れ者だった女性ヴァルキリー（テッサ・トンプソン）だが、オーディンが王政における絶対的な為政者だったのに比べ、あくまで小さな共同体のリーダーのように見える。ソー・シリーズはつまり、家父長制において「正統な」王位後継者であったソーがそれを手放す物語だったのだ。

ではソーが本作で何者になるのかというと、やはり「父」である。だがオーディンのように権力者としての「父」ではなく、孤児を引き取った上で日常的な家事をおこないながら育児をする「父」。それはMCUをはじめとする現代のメインストリームのポップ・カルチャーにおいて、新たな男性像や父親像が模索されている一例だと言えるだろう。全能の神（父権）であるはずのゼウス（ラッセル・クロウ）がとことん間抜けに描かれていることにも時代の変化が感じられる。エンド・クレジットでは次作でゼウスの息子ヘラクレス（ブレット・ゴールドスタイン）が敵になることが仄めかされているが、それは家父長制を無批判に受け継いだ男の象徴であることが予想される。

ジェーンが女版マイティ・ソー扱いされることに反論するシーンや、ヴァルキリーとコーグが同性愛を前提とした恋バナをするくだりなど、近年のフェミニズムやダイヴァーシティの潮流を意識した箇所も散見される。それらはやや取ってつけたようなところもあるが、基本的に教条的にではなく軽やかに提示されるし、マッチョなマジョリティ男性の象徴でもあったソーが女性やクィアとともに家父長制の外側で生き生きと自分の人生を発見していく過程には、やはり心温まるものがある。この10年強でのソーの「成長物語」は、社会において男性が直面する状況の変化を前向きに受け止めるものだ。これからソーがどのような父親像を見せてくれるのか、期待したい。

ソー：ラブ＆サンダー（2022）
監督／脚本：タイカ・ワイティティ
ストーリー：タイカ・ワイティティ、ジェニファー・ケイティン・ロビンソン
製作：ケヴィン・ファイギ、ブラッド・ヴィンダーバウム
出演：クリス・ヘムズワース、クリスチャン・ベール、テッサ・トンプソン、ラッセル・クロウ、ナタリー・ポートマン

愛らしい小品――『アイ・アム・グルート』

侍功夫

『ガーディアンズ・オブ・ギャラクシー』で尊い自己犠牲を払いメンバーを助け、観客の涙を搾り取ったグルートだが、ご存知の通りエンドクレジットで復活する。その後、作品ごとに成長し大きくなっていくのだが、一番人気はシリーズ二作目の通称ベビー・グルートであろう。そのベビーを主人公に据えた全5話、各3分程度の、知育番組の1コーナーのようなシリーズである。

鉢植えを卒業し、小さな生き物とふれあい、宇宙船の中を探検し、ファッションショーを楽しみ、お絵描きをする。とはいえ特有の毒っ気のあるユーモアは健在で、小さな生き物は踏み潰してしまうし、カチンと来る相手は宇宙に放り出してしまう。気負いなくひと笑いできる小品。

アイ・アム・グルート（2022）
監督・脚本：クリステン・レポール
製作総指揮：ブラッド・ヴィンダーバウム、ケヴィン・ファイギ、ルイス・デスポジート、ヴィクトリア・アロンソ、ジェームズ・ガン、クリステン・レポール
出演：ヴィン・ディーゼル、ブラッドリー・クーパー

メタなコメディ——『シー・ハルク：ザ・アトーニー』

侍功夫

しがない弁護士のジェニファー・ウォルターズは自動車事故でいとこのブルース・バナー／ハルクの血液が傷口に入り、ハルク化能力を得てしまう。とはいえヒーロー的な活躍よりも仕事や恋愛を優先したいのだが、強大なパワーがそれを許してくれない。というコメディである。

ＭＣＵからはハルクの他にアボミネーション／エミル・ブロンスキー、『ドクター・ストレンジ』のウォン。さらにネットフリックス版のデアデビルとはただならぬ関係に発展する。

シー・ハルクはデッドプールのように第４の壁を越えられるキャラで、度々視聴者にむかって喋りかける。シーズンの終わり方も極めてメタ的であり、マルチバースでの活躍が期待される。

シー・ハルク：ザ・アトーニー（2022）
監督：カット・コイロ、アヌ・ヴァリア
脚本：ジェシカ・ガオ、フランチェスカ・ゲイレス、ジャクリーヌ・Ｊ・ゲイレス、メリッサ・ハンター、ダナ・シュワルツ、カラ・ブラウン、ゼブ・ウェルズ、コーディー・ジグラー
企画：ジェシカ・ガオ
製作総指揮：ケヴィン・ファイギ、ルイス・デスポジート、ヴィクトリア・アロンソ、ブラッド・ヴィンダーバウム、カット・コイロ、ジェシカ・ガオ
出演：タチアナ・マズラニー、ジャミーラ・ジャミル、ジンジャー・ゴンザーガ、ジョシュ・セガーラ

よみがえる古典ホラーの世界——『ウェアウルフ・バイ・ナイト』

侍功夫

モンスター・ハンター・グループのリーダーが死に、継承者選抜のためメンバーたちによる伝説のモンスター狩りが開始される。ハロウィンを狙って10月に配信された1話完結の純然たるホラー作品。全編ほぼモノクロで作られ、古めかしい演出やくっきりとした陰影の画面造りも含めて30〜40年代の、いわゆるユニバーサル・モンスター作品へのオマージュになっている。満を持して登場する狼男もロン・チェイニーJr風なクラシカルな出立ちだ。

伝説のモンスターことマンシングは恐ろしい造形ながら良く懐いた犬のような性格が愛らしい。マンシングはコミックで全マルチバースに通じる門番でもあり、今後のMCUマルチバースでの再登場が待たれる。

ウェアウルフ・バイ・ナイト（2022）
監督：マイケル・ジアッキノ
脚本：ピーター・キャメロン、ヘザー・クイン
製作総指揮：ケヴィン・ファイギ
出演：ガエル・ガルシア・ベルナル、ローラ・ドネリー、ハリエット・サンソム・ハリス

『ブラックパンサー／ワカンダ・フォーエバー』

長谷川町蔵

中央アフリカのワカンダ王国。国王ティ・チャラを失い、悲しみに暮れる妹シュリたちに試練が襲いかかる。ワカンダにだけ存在していると思われていた金属ヴィブラニウムが海中にも存在し、その採集に向かった他国の調査部隊が何者かに攻撃されたのだ。国連から受けた容疑を晴らすためシュリたちは、ヴィブラニウム探知装置を発明した大学生リリに会いに向かったボストンで、襲撃を受けた彼女を何とか救出する。事件の背後にいたのは海底に棲むタロカン帝国人だった。ヴィブラニウムによってワカンダ同等の先進文明を持つ彼らはリリの引き渡しを要求。断ったワカンダは存亡の危機に立たされる……。

興行的な成功だけでなく、アメコミヒーロー物としては異例のアカデミー賞作品賞にノミネートを果たした『ブラックパンサー』。その続編『ブラックパンサー／ワカンダ・フォーエバー』は、主人公ティ・チャラを演じていたチャドウィック・ボーズマンの突然の死を受けての追悼作となった。MCUのヒーローたちが次々登場するマーベルのタイトルロゴも本作に限ってはブラックパンサーのみ。映画冒頭ではティ・チャラの葬儀が壮大に行われる。もちろんそれはチャドウィック・ボーズマンの葬儀も意味している。

監督・脚本家のライアン・クーグラーは同時に、前作のヴィジョンを一歩先に進めてみせる。政治組織の方のブラックパンサー発祥の地オークランドに育った彼らしく、前作ではワカンダを巡るティ・チャラと従兄弟キルモンガーの思想を、公民権運動時代のキング牧師とマルコムXのそれに重ね合わせて、アフリカ系アメリカ人が何処に進むべきかを思索していたが、本作ではその思索を第三世界全体に拡大している。

というのも、タロカン帝国の先祖は、大航海時代のスペイン人侵略によって行き場を失ったマヤ文明の末裔であり、海底に逃れてヴィブラニウムの力で文明を再興した歴史を持つことを国王ネイモアがシュリに語るシーンが劇中にあるからだ。タロカン帝国にとって地上への攻撃は侵略ではなく、生存権を確保する防衛戦でしかない。それはワカンダがつい最近まで鎖国していた理由と大差ないのである。そのことを知ったシュリたちはネイモアにシンパシーを抱きつつも、ティ・チャラならどうしたかを考えた結果、戦わざるをえなくなる。

いずれも古代と未来が直結したかのような美しい装備を身に纏ったワカンダとタロカン

の戦士たちが激突するクライマックス・シーンはこれ以上ないほど美しい。序盤に登場する欧米先進国のもっさりした兵士たちとはえらい違いである。

「俺たちアフリカ系と中南米系はメチャクチャカッコいい」

何はともあれ、これこそがクーグラーが一番本作で主張したかったことにちがいない。はっきりした勝敗ではなく痛み分けで戦いが終わるのも、クーグラーの中南米伝統文化へのリスペクトの表れなのだろう。

こうしたヴィジョンを聴覚面から支えているのが、ルドウィグ・ゴランソンが手がけたサウンドトラックだ。3つの大陸と5つの国にまたがる6つのスタジオでレコーディングされたスコアにはテムズ、ファイアボーイDML、トビ・シウィーグェ、CKay、ブラッディ・シヴィリアンといった多くのナイジェリア人アーティストが参加している。一方でラッパーのパット・ボーイやアレマン、スノー・ザ・プロダクトといったメキシコ出身のアーティストもフィーチャーされており、先鋭的な音楽が先進国の介在無しでも成り立つことを証明している。

公開前から多くのファンが予想していた通り、ワカンダの守護神ブラックパンサーの座をティ・チャラから継いだのは、レティーシャ・ライト扮するシュリだった。彼女の奮闘ぶりは予想以上だが、ヒーローになるために必要な儀式であるハーブによるトリップ状態の描写が興味深い。

前作でティ・チャラが全く同じ儀式を受けた時、彼の前に現れたのは先代ブラックパンサーにあたる父ティ・チャカだった。つまりシュリの前に現れるべきなのはティ・チャラであるべきなのだが、登場するのはキルモンガーなのだ。これはCGでチャドウィック・ボーズマンを復活させる演出を良しとしなかった判断の現れであると同時に、生粋の科学者であるシュリの適性不足を表現している。シュリはヒーローとしてはあくまで暫定的な存在であり、ブラックパンサーを継ぐべき者は他にいるようだ。そしてその答えが示されるのが、ラストシーンのサプライズというわけだ。

ブラックパンサー / ワカンダ・フォーエバー（2022）
監督・原案：ライアン・クーグラー
脚本：ライアン・クーグラー&ジョー・ロバート・コール
製作：ケヴィン・ファイギ、ネイト・ムーア
キャスト：レティーシャ・ライト、ルピタ・ニョンゴ、ダナイ・グリラ、ウィンストン・デューク、ドミニク・ソーン、テノッチ・ウエルタ・メヒア、アンジェラ・バセット

心温まるクリスマス・ストーリー――
『ガーディアンズ・オブ・ギャラクシー ホリデー・スペシャル』

侍功夫

『ホークアイ』同様、サンクスギビングに合わせて配信された『ガーディアンズ・オブ・ギャラクシー』からのスピンオフ。1話完結のスペシャル・ドラマでフェーズ4の最終作でもある。

荒くれ者のヨンドゥに育てられたため、マトモなクリスマスを長らく過ごせていなかったクイルにマンティスとドラックス、グルートが特別なプレゼントを用意する。それは、伝説の男ケヴィン・ベーコンその人である！

ザ・ポーグスの『ニューヨークの夢』で幕を開ける本作は、ザ・ウェイトレスィズやハノイ・ロックスなどのクリスマス・ソングがふんだんに投入され、ラストではクイルとマンティスの意外な関係が祝福を持って明かされる、幸せな一編。

ガーディアンズ・オブ・ギャラクシー ホリデー・スペシャル（2022）
監督・脚本：ジェームズ・ガン
製作総指揮：ケヴィン・ファイギ、ジェームズ・ガン
出演：クリス・プラット、ポム・クレメンティエフ、デイヴ・バウティスタ、カレン・ギラン、ショーン・ガン、ケヴィン・ベーコン

バカが量子にやって来る――『アントマン&ワスプ：クアントマニア』

ヒロシニコフ

想像力が弱いと、「今これをしたらこの先どうなるだろう」といった予想も立てられず、その時がよければそれでいいと、後先考えずに周りに流されてしまったりします。このように、認知機能の弱さは勉強が苦手というだけではなく、様々な不適切な行動や犯罪行為につながる可能性があるのです。

本文は『ケーキの切れない非行少年たち』（宮口幸治）にて記された犯罪者の特徴なのだが、これがそのまま当てはまるのが『アントマン』シリーズの主人公、スコット・ラングである。そんな彼が「等身大以下」のヒーローとなることが本シリーズの特徴のひとつだ。もちろん、彼は家族思いであるし、仲間を大事にする人間だ。だが、やはりそれ以上に「バカ」なのである。先を考えることのできない頭の悪さ、愚かさゆえに犯罪に手を染めるし、転じてヒーローとなったのだ。誤解しないでいただきたいのだが、これは決してスコット・ラングというキャラクターを貶しているのではない。バカというものは（あくまでフィクションにおいては）最高のブースターだ。観客の予想を裏切り、物語を破天荒に引っ掻き回す。きわめて魅力的な存在なのである。

さて、『アントマン&ワスプ：クアントマニア』だ。本作はMCUにおけるフェーズ5のスタートを切る作品となる。「マルチバース」をテーマに据えたフェーズ4からフェーズ6……通称「マルチバース・サーガ」の文字通り中核を担う作品である。メインキャラクターたちが量子世界へと引きずり込まれ、そこを支配する人物「征服者カーン」との対決を余儀なくされる。カーンはフェーズ6にて予定されているタイトル『アベンジャーズ　ザ・カーン・ダイナスティ（原題）』が示す通り、アベンジャーズが総力戦で迎え撃つことが予想される、サノスに次ぐ大ボスだ。かように強大な敵と銀幕での初邂逅を果たすのが、まさかのアントマン。基本的にコメディタッチの作品シリーズであるだけに、この采配は実に挑戦的である。だがしかし、この挑戦が内容の充実度に直結したかと言われると、その点に関しては疑問が残る。

そもそも『アントマン』シリーズの持ち味は「大と小を往復する闊達さ」にある。壮大なサーガに巻き込まれる卑近な主人公、人知を超えた量子世界と現実世界での犯罪。このように、一本の映画の中に対比できる「大」と「小」をいくつも盛り込み、スケールの規模を往復することで、伸縮自在なヒーローという特性とオーバーラップさせた軽妙洒脱《ライト》な作劇を行っていた。それこそがシリーズ独自の魅力であったはずだ。しかし、本作の舞台はほぼ全編に渡り量子世界。肉眼で観察できない最小単位の中に、別の宇宙（バース）が潜んでおり、そこには人間と異なる文明と生態系が存在している。……となれば、結局これは規模的にスペース・オペラと同じものであり、新味にはつながらない。むしろ、シリーズが培ってきた魅力をオミットしてしまう建て付けではなかろうか。

　もちろん、スタジオの資金力を注入して生まれたいくつかのビジュアルにはセンス・オブ・ワンダーを感じさせられる。ブニュブニュと蠢く肉塊に手を突っ込み操作する「生きている機械」や、征服者カーンが囚われているコアの内部の美術は驚嘆に値する。毒々しさが上回らないようにアッサリ気味に演出されているが、これをクローズアップしたら悪趣味ＳＦホラーが一本作れてしまいそうなほどだ。だが、メインプロットが別宇宙における革命の物語（征服者カーンと反乱軍の対立）であるので、映画全体を俯瞰すると近似点が多い傑作『ローグ・ワン／スター・ウォーズ・ストーリー』（16）以上の価値を見出だすことは難しい。前述したようにシリーズ独自の魅力を損なったうえで、既視感のある壮大な展開を見せられても評価に困ってしまう、というのが本音のところだ。

だが、この映画が抱えている問題点に対して爽快に殴り込みをかけるのが、スコット・ラング持ち前の「バカ」である。現実世界とは大きくシステムが異なる量子世界でも後先を深く考えず突っ走り、尺を30分かけて緻密に練っても良さそうな、敵に対する攻略作戦を「大きくなったり小さくなったりできるぜ！」という一点突破にて30秒で終わらせる。このバカの力技、バカ力技によって映画は既視感や停滞を乗り越え、『アントマン』という看板を損なわない闊達さを保ったものとなっている。

何より、量子世界における「シュレディンガーの空間」に閉じ込められたスコットの描写は特筆に値する。これまでに行ったあらゆる選択が可視化され「それを選択したスコット」「しなかったスコット」といったように人生における選択の数だけ彼は分裂する。幾万人のスコットの大群。通常ならマルチバースの自分同士による殺し合いが生じてもおかしくない状況だ。だが、彼らはその空間から脱するために主人公を手助けする。バカが後先考えずに行った選択から生じた無数の自身。彼らは皆、我々の知る「アントマン」のスコットが「最良の選択を行った自分」と言葉なく認識し、身を挺して力を貸す。善なるものが最良である。単純だが筋肉を持ったこの真理こそが全てのスコットに共通している……彼の根底に存在しているものだからこそ、彼らは一丸となり主人公を救うことができたのだ。この真理が「バカ」と融合し、彼はシンプルな善性を有する、深く考えすぎないライトなヒーローとなった。実に象徴的なシーンである。『アントマン&ワスプ：クアントマニア』は規模感をむやみに拡張しすぎたきらいはあるが、舞台を量子世界に一括したことで、スコットが有する人間性の煌めきを最も際立たせた作品となった。登場人物が続々と増え、マルチバース設定により複雑《ヘヴィ》さを極めるMCU。その中で、このバカの持つバカゆえのバカ単純な善性が、今後も作品世界に光《ライト》をもたらし続けることを期待したい。

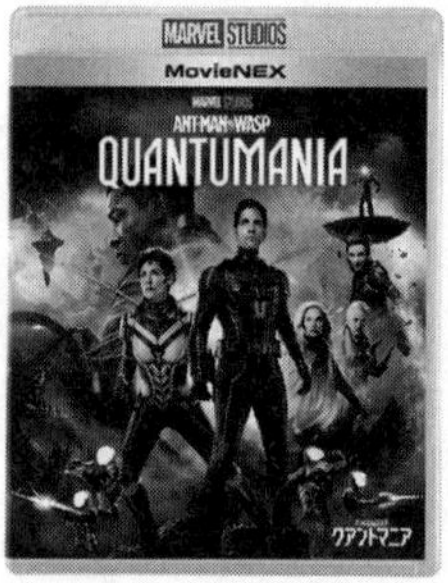

アントマン＆ワスプ：クアントマニア（2023）
監督：ペイトン・リード
脚本：ジェフ・ラヴネス
製作：ケヴィン・ファイギ，スティーヴン・ブルサード
出演：ポール・ラッド、エヴァンジェリン・リリー、ジョナサン・メジャース、ミシェル・ファイファー、マイケル・ダグラス、ビル・マーレイ

爽快な大団円——

『ガーディアンズ・オブ・ギャラクシー：VOLUME 3』

てらさわホーク

『ガーディアンズ・オブ・ギャラクシー』シリーズがとうとう完結した。2014年の第一作から足かけ9年、配信作品や各種映画への客演も含め、この宇宙寄せ集めチームの活躍にずいぶん長いこと付き合ってきたものだ。

第一作の製作発表がなされた際には世界中が思わず困惑した。一般的にはほとんど無名と言ってよいコミック・シリーズを、オフビートな作風で知られるジェームズ・ガンが手がける。しかもヒーロー・チームの構成は地球人がひとり、宇宙人の暗殺者がふたりと、あとは立って喋るアライグマと木人だという。いかにコミック映画とはいえ、あまりに荒唐無稽が過ぎないか……世間的な反応はそんなところだった。しかし蓋を開ければ、これが驚くほどの傑作だった。それぞれに癖の強いキャラクター同士が繰り広げる、活き活きとしたやり取り。小気味よくもケレン味に満ちたアクション。要所要所でギャグも決まっていた。そしてあくまで独善的だった登場人物たちが最終的に力を合わせ、ついに表題のチームとしてひとつにまとまるあたりで実に泣かせる。あらゆる要素が完璧に近いバランスで配置された、これはコミック・ヒーロー映画の理想形と言っていい。そんなことを14年当時に思ったものだし、その感触はいまでも変わらない。

続く17年の第二部では軽妙さが多少鳴りを潜め、ガンの持ち味のひとつではある(特に家族というテーマに関しての)ウェットなドラマが目立つ形になった。前作同様のバランス感覚を大いに期待したこちらとしては若干困ってしまった。

そして迎えた第三部。前作から6年もの月日が経った背景には、ガンが過去の不適切発言を問題視され、一度はマーベル・スタジオズを追われることとなる事件などもあった。紆余曲折を経てやってきたこの完結篇。結論から言えば第一作のバランス感覚が帰ってきたと言いたい、そんな快作だった。今回、中心的に描かれるのは喋るアライグマことロケット・ラクーン。極めて邪悪な超天才、ハイ・エボリューショナリーなる狂人にかつて生体改造を施され、ロケットは知性を身につけるに至ったのだという。あることから死にかけたロケットを救うため、ガーディアンズの面々はハイ・エボリューショナリーの本拠地を急襲。激しい戦いが描かれる。チームワークを活かしたアクションを随所で魅せつつ、全体としてはつらく悲しい物語ではあるものの、登場人物間の間抜けでおかしなやり取りも上滑りすることなく機能している。

何より素晴らしいのは、前作で（疑似）家族という枠組みに囚われていかにも窮屈そうだったチームの面々が、今回はもう一度個人としてのアイデンティティをそれぞれに取り戻す、そんな過程が描かれていることだ。強大な親父が牛耳るような家父長制を否定しつつ、しかし同時に新たな家父長制を築いていかざるを得ない、思えばそんな苦しさが第二部にはあったと思う。翻って今回はまず個人ありきというテーマが貫かれていて、非常に爽快だ。

第二部でチームの母親的な役割を課せられ、その後『インフィニティ・ウォー』で命を落とし、『エンドゲーム』で復活したガモーラの扱いに、そんな爽やかさが現れている。別の時間軸からやってきたガモーラは、映画第二部や『インフィニティ・ウォー』で我々が見ていたガモーラとはまったくの別人だ。そんな彼女に主人公スター・ロードの恋人かつチームのおっ母さんという、我々の知るロールを押し付けるわけにはいかない。あくまで自由な人物としてガモーラを描き直すあたりに、監督ガンの成長を見る思いがした。

またロケットを巡る物語に、とにかく小さなもの、弱いものの自由を奪い、抑圧する存在のことは何が何でも許さない、という強烈な姿勢が現れていた。ひとりひとりが己の選択でもって、それぞれの自由をつかみ取ること。シリーズを通してのテーマはおそらくそういうことだ。つらくて観ていられない描写も込みでそれを描ききった点において、第三部は見事だった。ジェームズ・ガンは本作でもってマーベル・スタジオズと袂を分かち、今後はDCフィルムズの舵取り役に専念するという。『ガーディアンズ』完結篇の幕切れでは「スター・ロードは帰ってくる」ことが明かされたが、ガンの手を離れたヒーローの今後がどう描かれるかということに興味が尽きない。

ガーディアンズ・オブ・ギャラクシー：VOLUME 3（2023）
監督・脚本：ジェームズ・ガン
製作：ケヴィン・ファイギ
出演：クリス・プラット、ブラッドリー・クーパー、ヴィン・ディーゼル、ポム・クレメンティエフ、ゾーイ・サルダナ、デイヴ・バウティスタ、カレン・ギラン、チュクーディ・イウジ、シルヴェスター・スタローン

ニック・フューリーとその苦境——
『シークレット・インベイジョン』

てらさわホーク

ＭＣＵの歴史は常にニック・フューリーと共にあった。超国防組織S.H.I.E.L.D.の長官かつ、アベンジャーズを組織した男。S.H.I.E.L.D.に外敵の侵入を許して組織を瓦解させたり、あるいは正義のためとはいえこっそり人の道に外れる計画を進めたり、ついには勝手に挫折して隠遁したりと、割と人間的にどうなのかと問わざるを得ないところもある男。だが人の世の平和を守ることには誰よりも真剣だし、何より演じるサミュエル・Ｌ・ジャクソンが格好いいので、信頼せずにはいられなかった。

そんな男がいよいよ試練の時を迎えるのが、配信シリーズ『シークレット・インベイジョン』だ。昔日にフューリーが同盟関係を結んだ宇宙人、スクラル。自由自在に姿を変えられる彼らを、情報収集や国家の安全保障に使ってきた。ところがかつて故郷を失った彼らに新しい母星を見つけてやるという約束を（いろいろあって）反故にしたため、スクラル過激派の怒りを買い、変身宇宙人の地球侵略計画を許してしまう。そんな物語だ。

もともとはマーベル・ヒーロー総出演の一大コミック・イベントであった原作を、この配信シリーズは常人の登場人物が中心の渋いスパイ・スリラーとして実写化している。なるほどジャクソンやドン・チードル、あるいはオスカー女優のオリヴィア・コールマンらが何度も見事な演技を見せ、それはそれで非常に見ごたえがあった。ところが全6話のシリーズには要所要所で物語展開上の粗が目立ち、最終的には非常に感情移入の難しいCGアクションをもって何となしに終わってしまう。さまざまな国際情勢や社会状況のために再撮影を余儀なくされ、当初の想定からはかなり異なる仕上がりになってしまったという話も聞く。どうにも時代に翻弄された、惜しいシリーズであったと言わざるを得ない。

シークレット・インベイジョン（2023）
監督：アリ・セリム
脚本：カイル・ブラッドストリート、ブライアン・タッカー、マイケル・ビーム
企画：カイル・ブラッドストリート
製作総指揮：ブライアン・タッカー、カイル・ブラッドストリート、アリ・セリム、サミュエル・L・ジャクソン、ブラッド・ヴィンダーバウム、ヴィクトリア・アロンソ、ルイス・デスポジート、ケヴィン・ファイギ、ジョナサン・シュワルツ
出演：サミュエル・L・ジャクソン、ベン・メンデルソーン、キングズリー・ベン＝アディル、ドン・チードル

対談 マーベル映画と「正義」――マルチバース・サーガが表す「弱さ」と「継承」

杉田俊介・藤田直哉

9・11以降の映画

杉田　今回はマーベル映画と「正義」について議論する、というお題を頂きました。僕はコミックスの方は全然読んでいませんし、映画も『マイティ・ソー』と『アントマン&ワスプ』の最新作は未視聴です。その程度の素人であることをまずお断りして、考えていることを話してみます。

基本的なことをいくつか確認します。マーベル・シネマティック・ユニバースについては、まずアメリカの9・11以降の正義のあり方の試行錯誤という印象が強くあります。9・11の衝撃によってアメリカの正義の自明性が大きく崩れただけではなく、あの同時多発攻撃自体がハリウッド映画の想像力を駆使していた。そういう捩れがありました。そして9・11はその後の対テロ戦争の泥沼化、イスラムフォビアや排外主義や陰謀論の繁茂の分岐点にもなった。『アベンジャーズ』のクライマックスのニューヨーク決戦は、現実とフィクションの境界線で、同時多発攻撃をどう書き換えて歴史修正するか、という物語にも見えます。

けれども重要なのは、マーベル映画には、そうした困難に対峙しつつも、正義への意志をどこまでも手放さない姿勢があり続けてきた、ということだと思います。自分たちの正義が矛盾や誤謬を抱えていたり、根源的な暴力を孕んでいたり、文化多元主義的な相対化の中にあったりすることはデフォルトなんだけれども、それでも、多様な価値観や道徳観をすり合わせて、何とか合意形成して、時代状況に即した公共的な正義を再構築しようとする。シリーズ全体を通して、そうしたオブセッションのように執拗な〈正義への意志〉がありますね。そこに僕は魅力を感じます（雑な比較論ですが、日本の文化環境だと、善悪なんて所詮相対的なものだとか、正義もまた暴走しうるんだとか、衆愚論的なニヒリズムを避けられないとか、そうした話に行きがちな気がします）。もう少し確認すると、人民の原初の社会契約に基づいて社会秩序が成り立っているという神話を維持してきたのが、社会契約論的なリベラリズムでした。リベラルな政治哲学の正義論では、個人や共同体の善（good）と、それらをメタ的に統括する公共的な正義（justice）が区別されます。二〇世紀後半に入ると、福祉国家論を取り入れて、個人の自由と国家による再分配や社会権・生存権の保障を両立させるための現代的リベラリズムが発展してきた。ロールズやアマルティア・センなどの議論です。

しかし近代化は「脱魔術化」の過程であり、宗教的な権威が失墜して、国民国家の正統性も凋落して、価値観の多様化や流動化、再帰化が進んでいきます。ポストモダン以降の時代になるとグローバル化がさらに進んで、多文化主義や文化相対主義が進歩したがゆえに、まさにそこから困難な状況が生じた。リベラルで普遍的な正義そのものが成り立たなくなって、個別化と分散化に歯止めがかからない。そのために、特定の善の自己絶対化が生じる。たとえば共同体主義や原理主義、民族主義が多様な形で現れて、それが近年のポスト・トゥルース政治やポピュリズムへも繋がってきた。

そうした状況の中で、二次大戦以降に武力と経済力をもって国際社会の正義を守る、という「世界の警察」を僭称してきたアメリカですらも、正義の流動化という困難から逃れられなくなった。そうした正義論そのものの困難に対峙してきたのがポストデモクラシー的なヒーローたちの群像劇を描くマーベル作品だと思います。

もう少し話しますね。まず、アイアンマンとキャプテン・アメリカの二人が最初の軸になったことが大きいですよね。アイアンマンは最先端の軍事科学技術に基づく新しい正義を体現する存在で、他方のキャプテン・アメリカは古き良きアメリカの正義を保守する存在です。そうした対立的な二人がヒーローたちのリーダー格になった。

アイアンマンのトニー・スタークはリバタリアンですよね。個人主義的な超大金持ちで、父親から軍事企業のテクノロジーを継承し、アフガニスタンの戦地で兵器をブリコラージュしてヒーロースーツを作った。アイアンマンの存在自体が現代的なヒーローの矛盾を凝縮しています。その場面を原作コミックではベトナム戦争だったのにアフガニスタンに変更したのも、9・11以降の文化社会的状況を反映しています。

軍事産業の創業者である父親のハワードは、アメリカ国家主導の正義を体現する人物であり、テクノロジーによって国民の平和を守れる、市民は幸福になれるというリバタリアン的な信念をもっています。これに対し、息子であるトニーにはもう少し捩れがあります。ヒーローや正義そのものを民営化していくわけですね。二〇世紀的な世界戦争の時代においては、国民国家同士の国際関係を通して普遍的な正義が成り立つことが暗黙の前提とされていたとすれば、二一世紀は世界内戦の時代であり、泥沼の内戦や民族紛争が各地で打ち続いていく。国民国家という単位も自明ではなくなり、正義も民営化されて、ネオリベラルな軍事技術によって暫定的に平和を維持していくしかない。

他方のキャプテン・アメリカは、保守主義寄りのオールド・リベラリストであり、1940年代頃のアメリカ的な理想主義の守護者であるとされます。時代が激動していく中で古き良き理想をいかに保守するか、というのがキャップが抱えた矛盾になります。ある面では、時代錯誤で滑稽なウルトラ右翼のようでもある。原作コミックの作者の2人はユダヤ系で、キャプテン・アメリカの物語は反ナチスのプロパガンダとして読まれた側面もあるらしい。実際にキャップは、愛国プロパガンダの象徴的英雄たらざるをえない、という自分の存在に葛藤することになります。

つまりアイアンマンもキャップも、どちらも完全無欠ではなくて、人間的な弱さや社会的な矛盾を抱え込んでいます。それは現代的正義それ自体に内在する脆弱性やアポリアを象徴するものでしょう。たとえばアイアンマンの当初の動力源は、パラジウムという核エネルギーのようなもので、スタークはヒーロー活動をするほど毒に冒され、健康を損ない、死に近づいていく。心身も限界で、もうヒーロー活動から降りたいんだけど、降りられない。『3』では完全にメンタルを病み、PTSDを発症して、燃え尽き寸前で、ヒーロースーツ依存症のようになっている。ロバート・ダウニー・Jrというドラッグなどで苦労してきた俳優を主役に抜擢したこともよく知られています。

もう一点、やはり戦争のリアリティですよね。同時多発的な戦争状態が打ち続く中で、いかに正義を名乗り得るのか。ヒーローが祖国防衛のために人体改造する、という主題が繰り返されます。スタークは軍事産業から生まれたし、キャップは第二次世界大戦下の反ナチスのためのスーパーソルジャー計画から生まれた。キャップの暗黒面がハルクだとも言えます。ハルクは戦後以降も継続された強化人間の実験から誕生した。しかも実験失敗の産物でした。『インクレディブル・ハルク』は、男性の感情コントロール、アンガー・マネジメントが一つの主題になっています。ハルクは、感情が暴発して制御不能になると怪物化する、という「有害な男性性」の象徴のようなヒーローですね。そういう形で、マーベルには戦争に対するアクチュアルで両義的な感覚がずっとあり続けてきました。

藤田　アメリカの等身大の人たちが生きる参考にし、社会を動かすことを明確に意識して映画を作っていますね。ヒーローやプリンセスに観客は同一化して作品を見るわけだけど、それを利用してエンパワメントしたりメッセージを伝え、それを通じて社会を変えようとする。シラーの美学と似ています。例えばブラックパンサーは、元々は黒人の解放運動の党の名前です。BlackLivesMatter が起こってる中で、『ブラックパンサー』は、黒人が差別され奴隷にされた歴史はわかるが、復讐で戦争したり殺しすぎてはいけないというメッセージを発します。このように、実際の社会と相互作用を起こし、一緒に悩みながら未来に進んでいくリアルタイム性が、マーベルの面白いところですね。

　2000年代のアメリカ映画は、「映画みたい」だった9・11の影響を受けた暗い映画が多かったです。この直前だと『バットマン・ビギンズ』(05)、『アイアンマン』と同じ年に『ダークナイト』(08)が大ヒットしています。DC系の方がより暗く、『ダークナイト』で正義とは何かとか、自分たちは本当に正義なのか、悪と違いはあるのかみたいな懐疑と相対化の泥沼に落ちていきます。それに対して、マーベルは、「正義」の抗争は確かにあるんだけど、形而上学的なニヒリズムまではいかない。画面も明るくてクリアで、物語の語り方もコメディのようなユーモアがある。その違いが印象的でした。2000年代のアメリカは、戦場のリアリティを導入する手ぶれを多用したり、飛行機が墜落して終わる『ユナイテッド93』(06)とか、ひたすら破壊と殺戮が続く『宇宙戦争』(05)みたいな陰惨な映画が多かった中で、『アイアンマン』はポジティヴで、パラダイムシフトを感じました。主人公がシリコンバレー精神的な態度を持ったヒーローだというのが、これまでのヒーローとは違うところで、アイアンマンが体現する新しいアメリカ、IT企業とかテクノロジー的なものがこの泥沼の戦争状態を何とかしてくれるんじゃないかという希望があったと思うんです。

　それにキャプテン・アメリカがぶつかる。冷戦時代や古きよきアメリカの影を引きずった保守的な彼と、リバタリアン的に先に進もうとするアイアンマン。二人の対立が、アメリカの先に進もうとする意志と保守的な部分、つまり、北部と南部、都会と田舎、民主党と共和党の対立の寓話のようなものとして描かれた。現実の政治も「シビル・ウォー」に近づいていき、その象徴としてトランプ現象と2021年のアメリカ合衆国議会議事堂襲撃事件が起こりました。

　フェーズ3までの「インフィニティ・サーガ」が比較的観やすかったのは、アイアンマンとキャプテン・アメリカという軸があって、S.H.I.E.L.D.という味方の軍団がいて、敵と戦うという構図はちゃんとあったから。その上で、冷戦のスパイ合戦、諜報合戦や、敵が内部に入り込んでいる、という話が展開していた。だけど、フェーズ4以降の「マルチバース・サーガ」では、敵味方の構図が曖昧になっています。

アメリカの政治思想は、自由や資本主義を肯定するリバタリアニズムと、公正・正義を重視するリベラリズムと、共同体や徳を大事にするコミュニタリアニズムの三つ巴だとよく言われますが、もうひとつ、プルーラリズム（多元主義）があります。リベラリズムでは共通の普遍性が信じられるのに対して、プルーラリズムは価値観や感覚などが根本的に違い、もっと底が抜けていることを前提とした共存の方法を探るという感じです。ウィリアム・M.コノリーは、それを、「違う宇宙に住んでいる」と表現します。マルチバース・サーガのマルチバースは、多元主義のメタファーでしょう。インフィニティ・サーガでは、「誰が正義か」の争いが生じていました。しかし、マルチバース・サーガではそれがかなり後景化しているのは、多元主義への転換という大きな決断があったと考えられます。

だから、中心も曖昧です。アイアンマンやキャプテン・アメリカのようなリーダーが失われているし、S.H.I.E.L.D.のような組織も目立っていません。代わりに前面化するのが、「多様性」と「弱さ」。『エターナルズ』が典型ですが、ヒーローたちは精神的な欠陥や障害を持っていたり、女性やLGBTや民族的マイノリティです。『ブラックパンサー』では黒人、『シャン・チー』では中国系アメリカ人。このサーガが中心的な問題にしているのは、「継ぐのは誰か」ということです。

マッチョで男らしく強い白人男性こそが、西洋文明を、アメリカ文化を発展させてきたという自負がある人たちがいる。しかし、白人の人口はアメリカでどんどん減っていっています。若い世代がどんどん軟弱になったと嘆く意見もあり、グレッグ・ルキアノスとジョナサン・ハイトが『傷つきやすいアメリカの大学生たち』という本を書いて論争になっています。中核の問題は、「女性や、優しい男性や、障害者やマイノリティたちに、アメリカの主導権を継がせていいのかどうか」ですね。アメリカで銃撃事件とかを起こす白人至上主義者の間で「グレート・リプレイスメント」という説が流行っていて、白人が人口的に別の人種に置き換えられている危機感と反発が、様々な差別や暴力を生んでいるんです。「継ぐのは誰か」問題の中心の一人はスパイダーマンです。スパイダーマンにアイアンマンの眼鏡が渡るのは、その象徴ですよね。彼は心優しいけどちょっと弱かったり騙されやすかったりして、「大丈夫か」と観客もハラハラさせられます。

アイアンマンが中心から退いた背景を推察するに、それはIT産業の功罪の認識もあるんじゃないかな。IT産業は、構造的に「一人勝ち」になりやすく、格差を拡大させます。その結果、没落し絶望する人が増大し、トランプ現象に繋がった。日本も似た状況ですが。アメリカでは平均寿命もどんどん落ちている。絶望した人たちは銃乱射などをしてしまう。フェーズ4はトランプ現象以降に脚本や企画が成立した作品だと思うんだけど、この反省を取り入れているように見える。

ヴィラン像の変遷

杉田 フェーズ2ぐらいまでは、ヴィランにあまり魅力がありません。てらさわホークさんも書いていましたが、書き割り的な、特徴のないヴィランが多い。つまり初期マーベル映画は「敵」や「悪」をうまく表象できなかった。「敵」や「悪」との対決よりもむしろ、ヒーロー同士の内ゲバや内部抗争、正義を名乗る組織の内的腐敗、そちらの問題の方がリアルだった。

たとえば『ウィンター・ソルジャー』では、S.H.I.E.L.D. が極秘計画していた巨大戦艦で犯罪を先回りしてテロリストを始末する「インサイド計画」という、それ自体やばい計画が出てきます。しかも実はそれがS.H.I.E.L.D. に侵入していたヒドラのスパイの発案によるもので、ヒドラの活動の邪魔になりそうな対象を殺傷する計画だった、ということが明らかになる。何重にも捻れているわけです。

また『アベンジャーズ』では、アベンジャーズ結成の話し合いの時に、じつはS.H.I.E.L.D. が密かに大量殺戮兵器を準備していたことが判明する。それが許せない、ということで早くも内部分裂が生じます。そして『シビル・ウォー』では、ヒーロー活動によって市民に犠牲者が出て、世論の不満も高まってるため、ヒーローを国連の監視下に置くというソコヴィア協定が発案されます。協定への賛成反対をめぐって、ヒーローたちが真っ二つになり、全面的な内戦が戦われます。

さらに『エイジ・オブ・ウルトロン』になると、ヒーロー同士の対話や討論を通したデモクラシー形成によってはもはや平和維持活動は不可能なのではないか、という疑心暗鬼がさらに高まって、むしろ人工知能の功利主義的な計算によって世界全体を統御した方がマシなんじゃないか、というプランが出てくる。しかもその実践者がトニー・スタークなんですよね。スタークはコラテラルダメージへの罪悪感もあって、自分たちが徒に市民に犠牲を出すよりは人工知能の力によって人類を全体主義的・監視社会的に統御した方がいいのではないか、と考える。しかし開発された人工知能ウルトロンは、世界平和のためには人類を抹消した方がよい、という身もふたもない結論——過激化したディープ・エコロジーというか、人類全体に対する反出生主義というか——に至ってしまう。重要なのは、この時点でスタークがある意味では最大のヴィランになってしまった、とも見えることです。

その点では、初期マーベルは魅力的なヴィランを描けなかったけれど、内ゲバや内戦や内部抗争の渦中から、つまりヒーロー的な正義を否定的媒介として、魅力的なヴィランが出てきたとも言える。わかりやすい悪よりも、人類の正義の矛盾の中から析出された、善悪の基準を脱構築するようなヴィランの方が魅力的に見える。そこが面白い。たとえばウルトロンってちょっとサノスに似ていますよね。

　僕はサノスがすごく好きです。シリーズ全体の中で、サノスが主人公とも言える『インフィニティ・ウォー』が一番好きかもしれない。『ドラゴンボール』で悟空が魔人ブウに言う「おめえはすげえよ、よくがんばった、たったひとりで……」という科白を思い出します。世界全体、宇宙全体に富の寡占と不平等が生じているのなら、くじ引きのような純粋な偶然性を介入させて、資源配分の不平等を是正して、可能な限りでの正義と平和を実現しようとする。それがサノスの計画です。人間の数が多すぎることで富の奪い合いや環境破壊が生じているなら、全体の数を減らすしかない。サノスはある種のニヒリズムを通過した上で、功利主義＋エコロジカルな正義を目指したわけですね。しかも非常に倫理的な意志によって。自分を勘定に入れず、自分が愛する娘を犠牲にしてでも。サノスが体現しようとする倫理は、ランダムに人類の半分を消滅させるというもので、自然法則を偶然的に書き換えるというメイヤスー的なものにも見える。あるいは、サノス自身が理不尽な災害のような力、神的暴力を発揮しているようにも見える。現実の気候危機やパンデミックが第三世界などに非対称に災害を齎すとしたら、せめて平等に、完全な偶然で死をばら撒こうとする。ある種の「気候スターリニズム」のようなものかもしれない。

　逆に僕は『エンドゲーム』がシリーズで一番嫌いかもしれない。サノスが『インフィニティ・ウォー』から一転して、ただの粗暴で凡庸な悪に矮小化されてしまった。多様な価値観をもったヒーローたちの多元主義的民主主義は、結局、サノス的な倫理を「なかったこと」にして、歴史偽造して成り立っているんだな、というシラケた気持ちになりました。死んだ者たちが都合よく復活して全員集合する、という正義のファシズム化にもぞっとしました。

　他の作品にも触れると、『ブラックパンサー』では、穏当な国際協調主義路線のブラックパンサーよりも、ヴィランであるウンジャダカの方がむしろ黒人解放運動のラディカリズムを体現していて、魅力的に見える。世界中の黒人たちを解放しようとするわけです。あるいはフェミニズム的なヒーローの闇堕ちにも見えるスカーレット・ウィッチも、僕には大変に魅力的なヴィランに感じられます。彼女はサノス以上の力を持つとも言われていましたが、現実と虚構を等価にしてしまうような、自然法則すらをも書き換えて無限に死者を復活させるような、非常に理不尽な力を持った存在に変貌していくわけです。彼女は真偽や善悪、生死の境界線すらをも突き崩していくような、21世紀的なニヒリズムを体現する存在にも見えました。

藤田　基本的に、ヴィランとヒーローの闘争は、政治思想の葛藤の寓話ですよね。アメリカの、起業家やMITの人らが書いたIT系の本を読んでいると、人類の向かうべき方向を自分たちが決めるのだ、という自負と責任の意識が強くて驚きます。サノスやウルトロンがそうですが、ヴィランとの争いは、そこに関わっている時は面白いですね。

『ガーディアンズ・オブ・ギャラクシー VOLUME 3』のハイ・エボリューショナリーは、人類は不完全で暴力的だから完璧にするために改造し、滅ぼして作り直し進化させようとする。そういった人類の方向に憂慮して、善意で考えて、そして酷い方向に向かった人との思想的葛藤がやっぱり胸に来ますね。それは我々が世界について考えてるとき、絶望したり無力感の中で、頭にちらっと出てくる選択肢のひとつだからだと思うんです。それで、ヴィランたちの何が悪いポイントなのかというと、家族や友人、生命への愛のなさとして描かれていますよね、カーンもそうだけど。理性や知能だけが天才的な科学者や起業家は多いけど、彼らが世界を主導していくときに、本当に世界が間違った方向に行く可能性がある、それとの戦いとして、MCUは読めると思います。

杉田 そう考えると、フェーズ3半ばからフェーズ4以降の、性的多様性や人種差別、植民地主義の問題を前面化した作品でのヴィランの描き方には、やや微妙な気持ちもあります。マーベルは女性ヒーローを描けない、ということがずっと言われてきた。これもてらさわホークさんの本によると、アイザック・パルムッターという人物の支配体制があって、女性ヒーローや女性ヴィランは売れない、という介入が為されてきた歴史があるらしい。ブラック・ウィドウは初期から活躍しているし、ワンダ、ガモーラ、ワスプなども出ていましたが、脇役寄りの立ち位置でした。DCの『ワンダーウーマン』のヒットから2年後にようやく『キャプテン・マーベル』が公開される、という遅さでした。

しかし『キャプテン・マーベル』も、それから『ブラック・ウィドウ』も、ヴィランが非常に平板で、「有害な男性性」の書き割りのようでしかない。その薄っぺらさ自体が男性社会へのアイロニーなのかもしれないけど、それにしても、という違和感はのこる。それに対して女性たちは、たとえヴィランであってもシスターフッドを結べるわけですね。あるいは『エターナルズ』は、多様性をものすごく突き詰めて、LGBTや障害者などの交差的な主題も導入し、しかも演じる俳優をそれと連動させたりもした。しかし、エターナルズの内ゲバの「諸悪の根源」も結局、有害な男性性を残存させた白人男性だった、というところに回収されてしまう。しかも白人男性はなぜか突然自殺する。そうした『エターナルズ』の破綻の中に、かえって多様性や交差性の時代の正義論のジレンマが露呈していたのかもしれない。

そういえば、植民地主義の主題が強く導入された『マイティ・ソー3』『ガーディアンズ・オブ・ギャラクシー リミックス』『ブラックパンサー』などの作品では、ヒーローの父親であり、王であり、神でもあるような存在が平和な王国や惑星を作ったのだけれど、実はその起源には根本的な欺瞞があり、植民地主義的な支配と収奪があった、ということが判明します。そうした世界観の反転が物語構造としてしばしば描かれるようになります。建国の父＝王＝神の欺瞞を暴くという反植民地主義的な脱構築はもちろん大事なのですが、そこから正義論をめぐる混迷や混乱がさらに深まった、という印象も受けます。

マルチバースが描くもの

藤田　白人男性を一方的に悪く描く辺りが、白人男性たちの反発を招き、「反ポリコレ」的な運動に繋がるんでしょうね。だから、その描き方も変える必要がある。植民地の主題に関して言えば、白人男性中心の「普遍性」ではなく、多元性を重視するならば、必然的に抑え込まれていた植民地主義の問題も出てくるし、自分たちの起源などに存在していたけれど否認され美化されていた暴力や加害の問題に向き合わざるを得なくなるのは論理的な必然なんだと思うんですよね。それに耐えきれなくて否認し抵抗する人たちが出て来るのも、心理的なメカニズム自体は理解できます。

世界中で「分断」が激しく、憎悪が渦巻いて、暴力や衝突が起こっていますが、この状況においては「敵味方をはっきりさせない」ことが一つの倫理になります。同じディズニーの『ストレンジ・ワールド』では、Z世代的な登場人物が出てきて、敵も味方もいないみたいな世界観を提示している。だからスカッとしないし、わかりにくいかもしれない。人間の脳は「敵／味方」みたいな二項対立の物語が好きだから。しかし、それを辞めさせようとしている、そのような認知のレベルでの戦いをやっている。だから、必然的に、マルチバース・サーガは、「物語」の機能自体を意識化させるメタフィクションになる傾向がある。

マルチバース・サーガの一作目が『ワンダビジョン』なのは、示唆的です。かつてのヒーローで、ものすごい力を持ってるけど、夫も子供も失って悲嘆にくれて、鬱になっている。彼女が妄想的世界の中で、ヴァーチャルな旦那と子供がいる世界に耽溺する。孤独な独身高齢オタク女性のようでもある。彼女が『マルチバース・オブ・マッドネス』ではヴィランになる。この場合の「敵」は自分の内なる弱さや駄目さなんですよね。『シャン・チー』も、ヴィランは、失った妻を蘇らせようとしている父親で、自分と同じルーツに属する人。失われたものを蘇らせようとする心情は、復古主義者や頑迷な保守主義者、変化に抵抗する人たちの心情と通じるでしょう。『ブラックパンサー』も、黒人解放運動の路線争いの内輪揉めのような話で、ヴィランが身内です。インフィニティ・サーガのように、アルカイダやISISやソビエトやナチスを思わせる敵ではなく、もっと内なる戦い。内戦というよりも、心とかアイデンティティのレベルでの戦いですね。

アイデンティティは、物語や美化と結びつきが強いものです。失われた過去が美化され、それが理想世界だと思いこみノスタルジイに囚われることは頻繁にあり、社会学者のバウマンはそれを「レトロトピア」と呼んでいます。あまりに変化が激しい社会の中で心理的な安定性が得られなくなり、民族や国家や過去が、安全基地のように妄想されていくんです。

インフィニティ・サーガの最後の作品が、『ファー・フロム・ホーム』なのは、「物語」とか「イメージ」のフェイク性を意識化させる仕掛けがあるだけに、興味深いんですよ。ヴィランなどはCGの投影で全部偽物だった。『ノー・ウェイ・ホーム』では、そのフェイクに人々が騙される。ポスト・トゥルースの戦争のターゲットにピーターがなり、人々が「何を信じるか」の認知戦それ自体を描く。冷戦時代から、フェイクニュースやイメージや物語を使った戦争＝工作は行われていましたが、ウクライナ戦争で「認知戦」「情報工作」を多くの人が知ったと思います。SNSやニュースや娯楽や芸術などを通じて、「世界をどのように認識させるか」の奪い合いをし、相手の国で革命を起こしたり、動乱や混乱や内戦を起こそうとする、そのような戦争の時代です。プーチンはKGBでそのスペシャリストでした。ロシアが戦争を正当化するために流している「物語」も、失われた自分たちのアイデンティティ（国土）を取り戻す、というものです。同型の「物語」を使った、アイデンティティに訴えかけて扇動する情報工作は世界中で行われています。2000年代の対テロ戦争時代から、認知戦の時代への変化に作品も対応しているのでしょう。

杉田　敵と味方の区別がつかない、あるいは真実とフェイクの区別がつかない、そうした不確定な曖昧さに耐え続けるという倫理があるのではないか、ということですね。情動的一体化によって敵／友のポリティクスを発動させることは、むしろ正義論の困難から目を背けることなのかもしれない。そういえば『エターナルズ』について興味深いのは、価値観の多元主義化が一つの臨界点に達したときに、市民社会の多様性にすらも包摂されないような、セレスティアルズという自然法則のようなものが新たなヴィラン（？）として浮上してくるんですね。いわば自然そのものと戦わなければいけない。それは自然の一部であるはずの人間が気候危機や自然災害と戦うとはどういうことなのか、というような話にもなっていく。

もう一つ、そもそもマルチバース的世界において正義とは何でありうるのか、ということが一つの大きなアポリアを構成していると思うんです。『インフィニティ・ウォー』『エンドゲーム』の時に、何か決定的なラインを超えたのではないか。つまり、確率論的なランダムさによって死んだ人たちが、自然法則を覆されて理不尽に甦ってきます。それはつまり、死んだ人間すらも無限に甦りうる世界に入った、ということです。たとえばロシア宇宙主義のような、あるいはベンヤミンやメイヤスーが論じたような、死者を復活させることが正義である、という考え方が実際にあります。

たとえば『ワンダビジョン』は、死者を哀悼しえない世界です。死んだ人間がいろんな形で甦ったり復活したりしうるからです。そこでは原理的に、死者を死者として、他者を他者としてちゃんと埋葬して哀悼することが禁じられてしまっている。それは誰もが「喪の仕事」を完遂しえない世界、グリーフケアができない世界とも言える。『ワンダビジョン』や『マルチバース・オブ・マッドネス』では、行き場のないスカーレット・ウィッチの悲しみが他者を巻き込んで、それ自体がほとんど災害化、公害化してしまいます。

しかし、死者がマルチバース世界から無限に甦ってしまうのは、科学技術の夢や勝利というよりもむしろ、21世紀的な悪夢やニヒリズムを象徴する現象なのではないか。主体の実存的固有性を奪う無意味な大量虐殺や強制収容所、それが20世紀的なニヒリズムの象徴だったとすれば、21世紀的ニヒリズムはあたかもゾンビのように「ちゃんと死ねない」「ループする生から逃れられない」ことにあるのかもしれない。というのはそこでは、一回的な生を引き受けるとか、他者との偶然の出会いを運命として愛するという倫理が成り立たなくなるからです。他者への配慮や愛や欲望の底が抜けてしまう。

なんというか、21世紀型のニヒリズムとは、命の固有性なんてものはそもそもなくて取り替え可能であり、そもそも分人化したりアバター化しているし、死んでもクローンがいるし、ネット上のbotやAIに移し替えればいいし、平行世界から別の自分を持ってくればいいんじゃない、というようなニヒリズムなんじゃないでしょうか。

では、そうしたマルチバース世界においてそもそも他者倫理とか正義が成り立つのか。そうしたアポリアが生じた。スパイダーマンで言えば三作目の『ノー・ウェイ・ホーム』は非常に過酷で残酷な作品であり、この世界の他者のみならず、無数に存在するマルチバースの他者に対してすらケア責任を負わなきゃいけない。見たこともない別次元の世界の人が苦しんでることに対しても、ケア倫理を強いられるんですよね。

それはピーター・パーカーに対するメイおばさんの呪いのようにも見える。単に自分が属する社会秩序や正義は守ればいいだけではない。愛する人を失って心を病んだ他者をケアしなければいけないし、ヴィランをすら治療して社会復帰させなければいけない。スパイダーマンはいわばケアリング・ヒーローなんですよね。しかもピーターの苦悩や葛藤を誰にもわかってもらえない。知人や親友すら自分のことを忘れてしまう。ケアするもののケアは誰もしてくれない。そういうところまでピーターは追い込まれた。高校生の少年にこんなにも重い負担を背負わせるのか。しかしそれはマルチバース的な正義、多文化主義時代の正義のリミットでもあるわけです。

藤田　生の一回性の感覚が薄れるニヒリズムは、ゲームやアニメなどのヴァーチャルな媒体やインターネットなどの影響もあるのではないかな。ヴァーチャル世界が、自分の可能性のようにも感じるというのは、ゼロ年代の日本のフィクションでもよく描かれましたよね。『マルチバース・オブ・マッドネス』の元ネタは多分、フレデリック・ブラウンの『発狂した宇宙（What Mad Universe)』という小説で、並行世界が無限にあるなら、自分の理想とするエンターテイメントの世界もあるので、そこに行ってハッピーエンドになるという「異世界転生」のような小説です。一方、『マルチバース・オブ・マッドネス』は、そういう世界に行こうとすることが周囲に与える暴力性や加害性を描き、その欲望を諫めています。

本作で批評されているのがフィクションに馴染みすぎた世代の負の側面だとしたら、最近のゲームのように、フィクションの敵にすら共感し助けようとする倫理性、ケアの感覚の向上は、世界を良くする正の側面かもしれない。それに賭けられるかどうかが、試されている。

ヒーローとケア

杉田　国家や秩序を守るという正義論的な価値観と、他者を配慮したり哀悼したりするケア論的な価値観の間の断絶をどう埋めるか。調停するか。これは意外に厄介な問題なのでしょう。たとえば『ワカンダ・フォーエバー』では、愛する者の理不尽な死に耐えられず、マイノリティたちがある意味で自滅し、お互いに巻き込み合いながらさらに不幸になっていく、という悪循環が描かれていく。『ブラックパンサー』で主役を演じていた俳優チャドウィック・ボーズマンが現実に病気で急死してしまう。物語の冒頭も葬式から始まります。現実的にも物語的にも、彼の突然すぎる死を誰も受け止められない。喪の作業によって昇華できず、そのためにマイノリティの共同体の内ゲバや内戦がとめどなく悪化していく。

フェーズ4の重要な主題はいわば「喪の不可能性」の主題ですね。フェミニズムやマイノリティの主題と、ある種の臨床的なトラウマやPTSDの問題がクロスしている。癒しやレジリエンス、グリーフケアの根本的な不可能性こそが政治的主題でもある。

それから、アイアンマンがヴィラン化したという逆説のように、マルチバース世界に入ってからは、ドクター・ストレンジが一番やばいヴィランに近づいているとも言えるよね、正直。ストレンジがサノス的存在になったというか。『マルチバース・オブ・マッドネス』でも、ストレンジは別宇宙を一度崩壊させかけているから、別世界のアベンジャーズ的ヒーローたちから異様に警戒されている。『ノー・ウェイ・ホーム』でも、ある意味で「やらかし」ている。

　ストレンジの根っこには素朴な非モテ感覚があって、マルチバースを何度移動しても、恋人とうまくいかないわけですよ。そうした空洞感を彼は埋められていない。その意味ではストレンジはスカーレット・ウィッチとかなり似た存在であり、マルチバース世界におけるサノス的ヴィランになりかねない。そういう爆薬的な危うさがずっとある。ストレンジは正義の気持ちは強いけど、能力主義的な傾向も強くて自分以外の他者を信用できないし、それとも相まって自分で自分をちゃんとケアできない。本当はストレンジにもケアが必要だよね。正義とケアの葛藤を抱えたヒーローに見えます。

藤田　家族や友人すらも犠牲にしてしまう、機械的な「正義」は否定されているように感じますね。ストレンジにはそうなりかねない危うさがある。一方、スカーレット・ウィッチは、ケア的な気持ちというか母性が暴走している。この二人は、そのバランスを問うていくマルチバース・サーガのドラマの起点として、象徴的に描かれているんでしょうね。

杉田　アジア系男性のウォンが、好きな人には決して愛されないストレンジに、恋人はいなくても友達がいるじゃん、という形で孤独に寄り添う。いわば善良なホモソーシャリティによって手当てする、みたいな感じでしょうか。ただ、それで本当に収まっているのかな、という気もするんですが。ストレンジはやっぱり危険な男ですよ。

　哲学者のハンス・ヨナスが、人間はテクノロジーの発展によって神（神の像）すら殺せるようになった、と論じています。それは核兵器の話でもあるんだけど、エンハンスメントとか寿命延長の話でもあります。ヨナスは、人間にとって死は「恩寵」として残られるべきだ、と言うんですよ。そう考えれば、無限に寿命を延ばしたり、能力を増進したり、死者を復活させるような（加速主義的な）科学技術は正義に反することになる。しかし他面で、そうした保守的な結論でいいのか、ということもある。マーベル映画としてまだ咀嚼し切れていない、試行錯誤中という感じがします。マルチバースは多文化的な世界観を推し進めると同時に、生と死の境界線すらも揺るがしてポストデス（死の終わり）的というか、死者すらも復活しうる非人間的な世界観を開くから、正義とは何かという当初の問いの根拠自体の底が抜けているような印象があります。

藤田　正義の問いは減っていますよね。多元主義は、それぞれが違う現実、違う宇宙を見ていて、棲み分けるわけですから、正義同士のどれが正しいのかということは相対的に問題にならなくなる。

フェーズ4で喪の話が多いのは、継承のテーマと裏表でしょう。新しく誰かが継ぎ、変わっていくことは、これまでのものが失われていくことです。それを、どう心理的に受け止めるのかという課題が、世界的にあるのでしょう。『ワカンダ・フォーエバー』も継承の物語だったし、『ガーディアンズ・オブ・ギャラクシー:VOLUME3』の最後でもいきなり大規模にメンバー交代が起きています。

杉田　『ガーディアンズ・オブ・ギャラクシー:VOLUME3』では、動物実験に対する動物倫理的な主題と、人体実験される子ども、ある意味では難民的な子どもたちの主題が出てきます。次々と最新の社会的問題を取り込んで弁証法的に前進していくマーベル作品らしくはあるんだけど、監督であるジェームズ・ガンの癖なのか、家族的なもの、拡張家族的なもののウェットさに落とし込もうとするんですよね。それでいいのかな、という気はちょっとした。マルチバース的他者への責任や多元主義的価値観のインフレの中で、ひとまず拡張家族的共同性が砦というか避難所になるし、仮初めの暫定的な足場はやっぱり必要だよねということかなとは思うんですけれど、現代的正義をめぐるマーベル的葛藤の中で、本当にそれでいいのかなと。

現状では、現代的な正義論の困難さというリアリティにいちばん迫っているヒーロー像は、ケアリング・ヒーローとしてのスパイダーマンなのかな。しかしやはり、ピーターが強いられた責任はあまりに重すぎるんじゃないかなあ。それは現実のZ世代への過度な期待の裏面のようにも見える。

藤田　『ガーディアンズ・オブ・ギャラクシー:VOLUME3』は、「弱さ」を主題化していましたね。テクノロジーでじゃんじゃん人間を進化させようとして犠牲が出てもいいという加速主義者のようなヴィランに対して、主人公たちは、知能や言葉の不自由な仲間も認めるし、全然喋れない難民や小動物まで助ける。ここには明確な能力主義批判とケアリングの精神があります。知性とか能力で測ってはいけない、生命の価値はそこじゃないというというメッセージがある。それは、格差社会批判でもあります。

杉田　ドラマの『ミズ・マーベル』など、ヒーローものを日常化する流れが最近のマーベルにはあるのでしょうか。ヒーローに憧れるイスラム系の女の子が主人公で、イスラム文化圏の日常を描きますよね。

藤田　『シャン・チー』も『ブラックパンサー』も、アメリカで生きている人たちの、ぱっとしない日常をかなり意識的に描くようにしてますよね。

杉田　移民的日常のリアリティですね。スパイダーマンが超越的なヒーローじゃなくて、普通の隣人たろうとするのもそれに近いのかもしれない。世界の危機や巨大な敵との戦いよりも、日常のきめ細かさを丁寧に生きることの中に大事なものがある、というか。正義を大文字化するよりも、むしろ無数の隣人の暮らしの中に落とし込んで、過剰に複雑化していく世界の仮止め、歯止めにしていく。

漠然とした印象論ですが、マーベル全体として、登場人物が増えてわちゃわちゃして、特定の誰かに焦点化し得ないような手触りがだんだん強くなってきた気もします。そういえば『マイティ・ソー3』がヒーローたちのエグザイル化、難民化を描いたり、『ガーディアンズ・オブ・ギャラクシー3』が人間と動物の伴侶的な集団脱走を描いたりと、「群れ」の話になっていた。一方で現代的正義にふさわしい新たなヒーロー像を探し求めつつ、他方では楕円的に、日常化・隣人化するヒーローの形を描く。両方あるのかなあ。ピーターが世界中から忘れられて本当に無名的存在になってしまったことは、何かの兆しなんだろうか。「敵」や「悪」と戦う前に、自分たちの日常の分断や敵対、亀裂を埋めることの方が大事というか。

藤田　故郷喪失と、移民・難民の主題は多いですね。一方で、『アントマン&ワスプ：クアントマニア』は、主人公が前科があり、31アイスクリームで働いてクビになっているので、白人の非エリート層も決して悪役としてだけ描かれてはいない。この作品も、アリのように小さなものたちの力を重視するものでした。

「家族」については、日本もアメリカも、家族的な仲の良さがある中間共同体や集団への憧れがどうも出てきてるみたいですね。価値が無数に多元的で人間関係も流動的で、仕事とか所属や共同体も確固たる安定を与えてくれない時代の中で――自分が正しいという確信を持つことも難しく、その不安のせいで、間違った神への妄信などに逃げやすくなるんだと思うんだけど――自分の安定を求めるとしたら、家族的な共同体や、そこでの人との繋がりとか愛情とかなんじゃないでしょうかね。やっぱり人間は群れの中で進化してきた動物だから、本能的にそれが安定するんでしょう。そのような家族的なものへの憧れはレトロトピア的な幻想に近く、閉じてしまう危険性もあるけど、（MCUなのか厳密には曖昧だけれども）『スパイダーバース』などの中には、並行世界の自分たちが、実は民族や人種は違うけど、「仲間」であるというような家族的な想像力もある。そのような、フィクションや並行世界や可能性を通じて、様々な他者たちと家族的な想像力を構築することによってより良い世界を構築しようとしているように、ぼくには見えます。

COLUMN

MCU以前のアメコミ映画

中沢俊介

連続活劇時代

いわゆる〝アメコミ映画〟は連続活劇から始まった。とはいえ、そもそも〝アメコミ〟……つまりアメリカのコミックブックは、新聞連載マンガ（コミックストリップ）をまとめるために生まれた媒体だったため、やがてコミックブック独自の作品が制作されるようになっても、まだ認知度は低く、その地位はコミックストリップよりも、ラジオドラマやパルプ雑誌など先行ジャンルよりも下に見られていた。だから、アメコミのキャラクターが連続活劇になったのは、フラッシュ・ゴードン、ディック・トレイシー、怪傑ゾロ、ザ・シャドウなど〝格上〟の媒体のキャラクターがあらかた映画化されたあとだった。

初めて実写映画化されたアメコミのキャラクターは、1938年に生まれ、〝スーパーヒーロー〟という概念そのものをもたらしたスーパーマン……ではなく、現在は〝シャザム〟という名前で知られる（つまり、マーベル・コミックスではないほうの）キャプテン・マーベルである。1940年にさっそくラジオドラマ化されたスーパーマンには翌年、アカデミー賞候補にもなった短編アニメ映画シリーズ化という、別の名誉が待っていたのだ。こうして契約のため手が出せなかったスーパーマンに代わって、彼に迫る人気を得ていたキャプテン・マーベルを主役に据えた全12章の連続活劇が、1941年に公開された。あくまでもお子様向けの内容ではあったが、それでも貴重な第一歩である。

続いて1943年にはバットマン、1944年にマーベル・コミックス（当時の社名はタイムリー・コミックス）のキャプテン・アメリカが連続活劇化された。しかし、戦時下に製作された前者は反日プロパガンダ的な色合いが濃く、後者に至っては、盾の代わりに銃を使う、原作とはかけ離れたキャラクターに変えられてしまった。

テレビ時代

連続活劇がテレビにその役割を譲るなかで、スーパーヒーローの活躍もテレビに舞台を移した。1948年と1950年にようやく作られた連続活劇がヒットしたスーパーマンが、パイロット版を兼ねたB級映画を経て、1952年からテレビドラマ化されたのは、自然な流れだろう。スーパーマン役に選ばれた俳優ジョージ・リーヴスの栄光と謎の死を描いたのが、ベン・アフレックが彼を演じた映画『ハリウッドランド』（06）だ。テレビドラマは約6年間続く人気番組になったが、その後しばらくアメコミのヒーローが題材に選ばれなかったのは、焚書騒動にまで発展した1950年代中盤のアメコミ反対運動の影響かもしれない。

1960年代に入ると、アダム・ウェストがバットマンを演じたコメディ色の強いテレビドラマが短期間だが大ヒットして、映画『バットマン オリジナル・ムービー』(66)まで公開。同番組の制作者も企画に関わって、1970年代にはワンダーウーマンのテレビドラマが放送され、主演リンダ・カーターの美貌でアメリカのお茶の間を魅了した。これでDCコミックスの三大ヒーローが、アメリカのブラウン管に出そろったことになる。

一方、マーベル・コミックスも1977年、散発的な放送にとどまったスパイダーマンのテレビドラマに続いて、SFドラマ『600万ドルの男』のプロデューサーによって超人ハルクがドラマ化。5年ほど放送され、ボディビルダー、ルー・フェリグノの怪演によって番組終了後も特番が制作される支持を得た。アメコミの実写映像化に関して、ようやく実りある一歩を踏みだしたといえる。

大作映画時代の幕開け

1970年代初頭から映画会社ワーナー・ブラザース系列となったDCコミックスは、1978年にクリストファー・リーヴ主演の『スーパーマン』で、いきなりアメコミ映画の金字塔を打ち立てる。興行的にも批評的にも大成功を収めたが、しかし、当時史上最高だった製作費5500万ドルを費やした作品は、シリーズの続編以外に、おいそれと追随作が生まれるものではなかった。あえて挙げるなら、新聞連載マンガ原作である『フラッシュ・ゴードン』(80)くらいか。

COLUMN

『スター・ウォーズ』（77）、『未知との遭遇』（77）に続くSF映画とみなされていた側面もある『スーパーマン』とは違って、ジャンルとしての〝アメコミ映画〟を我々に意識させるきっかけになったのが、ティム・バートン監督による『バットマン』（89）だ。以後『ディック・トレイシー』（90）、『シャドー』（94）、『ザ・ファントム』（96）など、アメコミの先行ジャンルのキャラクターがたびたび映画化される一方で、『ミュータント・タートルズ』（90）、『クロウ／飛翔伝説』（94）、『マスク』（94）といったインディ系出版社のアメコミから生まれた映画が、（ときにはアメコミ原作だと知られぬまま）健闘した。

映画に関して、マーベル・コミックスはなかなか前に進めなかった。ジョージ・ルーカス製作総指揮の『ハワード・ザ・ダック』（86）が、興行面でも批評面でも散々な結果に終わって以来、企画があってもまともな劇場公開まで至らない状態が続いていたのだ。しかし、光明が差す。マーベルが買収した出版社が過去に出していた『メン・イン・ブラック』が1997年に映画化され、その年の世界興行収入第3位を記録するヒットを飛ばしたのだ。一般的にマーベル映画として認識されることのない作品ではあるが、いまにして思うと、ツキが回ってきたのはここからだった。

マーベル・コミックスの台頭

それは『ブレイド』（98）から始まった。1970年代の怪奇コミックで生まれた知名度の低

COLUMN

いキャラクターを現代的に刷新して、ヒップホップやテクノをBGMに、格闘ゲームのように戦わせた同作がスマッシュヒットしたのだ。以降『X－メン』(00)、『スパイダーマン』(02)と製作費も興行収入も倍々ゲームのように高まり、後者の記録的ヒットで、ついにアメコミ映画のブームが訪れる。デアデビル、ハルク、ファンタスティック・フォーといったマーベル・コミックスの他のキャラクターの活躍も、ようやく劇場映画として楽しめるようになった。

まれに見る不評を浴びた『バットマン&ロビン Mr.フリーズの逆襲』(97)以来、スーパーヒーローものに関して冴えない状況が続いていたDCコミックスも、徹底的にリアリティにこだわったクリストファー・ノーラン監督の『バットマン ビギンズ』(05)で、息を吹き返す。しかしかつての優位は崩れ、コミック出版と同様、すでにマーベルの存在感は無視できないものになっていた。

アメコミ自体の進化を追うように、アメコミ映画も『ゴーストワールド』(01)、『ヒストリー・オブ・バイオレンス』(05)などが生まれ、アクション一辺倒ではなくなった。また、この時期の『シン・シティ』(05)や『300〈スリーハンドレッド〉』(07)では〝コミックのコマを映像で再現する〟という手法が使われた。両作の原作者であるフランク・ミラーの絵がそうさせた面もあろうが、アメコミの社会的地位の向上を示しているようで、興味深い現象である。

MCU確立まで

マーベル・コミックスが従来のように、自社のキャラクターの映画化を他の会社に任せず、独自に資金を集めて製作した『アイアンマン』が2008年に公開されたとき、その先に何が起こるか予想できた者は少なかったのではなかろうか。確かに同作はヒットしたものの、その後しばらくマーベルの自社製作映画の興行成績はまちまちだったし、一作も公開されない年だってあった。他方、DCコミックスでは、『ダークナイト』(08)がアカデミー賞で多部門にノミネートされるほど評価を受け、映像化不可能とされた原作を、『ウォッチメン』(09)でまがりなりにも1本の映画にまとめたのだから。〝マーベル・シネマティック・ユニバース(MCU)〟という呼称さえ、2010年になるまで固まっていなかったのだ。

しかし、2012年の『アベンジャーズ』ですべてが変わる。公開時史上3位の興行収入を達成した同作によって、単なる続編やシリーズ化とは異なる、〝ユニバース〟という概念が確立されたといっていいだろう。DCコミックスが『グリーン・ランタン』(11)の失敗によって先延ばしになった独自のユニバース構築に着手できたのは、2013年の『マン・オブ・スティール』からだった。

COLUMN

MCU映画のサントラ

長谷川町蔵

映画史上、連続活劇としてかつてない成功を収め、現在も継続中のマーベル・シネマティック・ユニバース（以下、MCU）。プロデューサーのケヴィン・ファイギによってストーリーに一貫性が保たれていることは映画ファンにとっては周知の事実だが、こと音楽面に目を向けると面白いくらいに一貫性がないことに驚かされる。

『アイアンマン』から『マーベルズ』までの33本のMCUの長編映画に関わった作曲家は実に18人。このうち複数作を手がけた作曲家は9人しかいない。しかもライバルのDCの作曲家がハンス・ジマーおよび彼の弟子筋で概ね固定されているのに対して、MCUに関わったジマー人脈の作曲家は『アイアンマン』『エターナルズ』を手がけたラミン・ジャヴァディくらいである（そのせいかヴィジュアル面も相まって『エターナルズ』はとてもDCっぽく感じる）。

音楽のテイストも、パトリック・ドイルによる『マイティ・ソー』はケルト音楽風、クリストフ・ベックによる『アントマン』はジャズやラテンを導入したコメディ風と、作品ごとに全く異なっている。だがそれはヒーローたちの個性を描き分けるために必要な差異でもある。音楽が象徴しているように、彼らは本来異なる世界観を持つ。そんなバラバラのヒーローたちが共通の敵を前にして手を組むからこそ、『アベンジャーズ』のスペシャル感が醸しだされるわけだ。

興行的な失敗が許されないビッグバジェットのフランチャイズ映画でありながら、冒険心を忘れていないところはMCU作品最大の美点だが、音楽面にもそれは当てはまる。『マイティ・ソー バトルロイヤル』では、アクション大作から最も縁遠いだろう元ディーボのマーク・マザーズボーに敢えて音楽を委ねて、ゲーム・ミュージック的なコミカルなサウンドを展開。結果的に続く『アベンジャーズ／インフィニティ・ウォー』を成立させるために絶対条件とされた「まるでシェイクスピア劇の登場人物のようだった雷神ソーをスラップスティックな『ガーディアンズ』の世界に融合させる」役割を担わせている。

『ブラックパンサー』でアフリカン・パーカッションを導入した壮大なスコアを構築したスウェーデン出身のルドウィグ・ゴランソンは、俳優のドナルド・グローヴァーがチャイルディッシュ・ガンビーノ名義でラッパー活動する際にサウンド面を一手に手がけている人物。彼の起用によって、ラッパーのケンドリック・ラマーが監修したヴォーカル曲とのサウンド面の差異を限りなく無くすことに成功している。

『ブラックパンサー』に顕著なポップ・ミュージックとのクロスオーバーも、MCUのお家芸である。この伝統はブラック・サバスやAC／DCを劇中で使用したMCU第一作『アイアンマン』から既に始まっており、主人公スターロードが大切にしている母親作のミックステープ収録曲という設定で、70年代のちょいダサなヒット曲が全編に流れる『ガーディアンズ・オブ・ギャラクシー』で確立した。こうしたギャグ混じりのヒット曲使用は、ガンズ&ローゼス大会と化した（エンディング曲はディオだけど）『ソー：ラブ&サンダー』や、時代設定が90年代であることを口実にニルヴァーナやホール、TLCのヒット曲が全編に使用された『マーベルズ』にも受け継がれている。

もちろんこうした楽曲の使い方はMCUが発明したものではなく、過去にもマーティン・スコセッシやクエンティン・タランティーノといった映画作家が個人的なセンスのもとで行ってきたものだ。しかしMCUは当初から集合知を駆使してこうした選曲に意識的に取り組んできた。何故ならMCUの劇中世界と我々の住む現実世界が限りなく近しい世界であることを印象づける必要があったからだ（ニューヨークという名の都市すら存在しないDCとはそこが大きく異なっている）。

その成果こそがフェイズ4以降の展開だ。ご存知の通り、MCUは「宇宙にはMCU

COLUMN

と微妙に異なるマルチバース（多元宇宙）が並行して存在している」という設定を前面に打ち出しているわけだが、コミックマニアでもない観客の多くがこうした複雑な概念をすんなり受け入れられたのも、過去のMCU作品群において耳から刷り込みを受け続けたからに他ならないのである。

もちろん現実世界とは微妙に異なるため、MCU内には独自のポップ・ナンバーも存在していて、これが面白い。代表的なものは3曲。まず1曲目は『キャプテン・アメリカ／ザ・ファースト・アベンジャー』で第二次世界大戦下ナチスと戦うキャップを讃える曲として初お目見えした「Star Spangled Man（星条旗の男）」。作曲者は『リトル・マーメイド』から始まるディズニー・アニメ第二黄金期の挿入歌を一手に手がけたアラン・メンケンだ。メンケンによるとこの曲は、二十世紀を代表する作曲家アーヴィング・バーリンが作った「ゴッド・ブレス・アメリカ」と「これが軍隊だ、ジョーンズさん」（戦意高揚ミュージカル映画『これが軍隊だ』の挿入曲）のマッシュ・アップだそうで、１９４０年代に作られた楽曲と言われたら信じてしまいそうな出来である。

2曲目は『アイアンマン2』でその存在が描かれた「スターク・エキスポ」のテーマ曲「Make Way For Tomorrow, Today（明日への道を今日作ろう）」。トニー・スタークの父ハワードが１９７４年に開催したこのイベント、元ネタはウォルト・ディズニーが関

COLUMN

わった1964年のニューヨーク万国博覧会なのだが実はこの曲、そこで世界初公開された「イッツ・ア・スモールワールド」の主題歌を作った作曲家リチャード・シャーマン翁（公開当時82歳）にわざわざそれっぽい曲を書き下ろしてもらった2010年産の新曲なのだ。

そして3曲目は『ロジャース』のリード曲「Save The City（街を救え）」。『ロジャース』とはキャップの本名スティーブ・ロジャースのこと。MCU世界では、彼の生涯を描いたミュージカルがブロードウェイで上演された設定になっており、『ホークアイ』ではニューヨーク決戦のシーンで歌われるアリーナロック風のこの曲がギャグ的に流されてホークアイをゲンナリさせていた。しかし『ヘアスプレー』でトニー賞を獲得済のマイク・シャイマンが本気で曲を書いてしまったために（どうやら彼のパートナーがMCUの熱狂的なファンらしい）、予想外の評判を呼び、2023年夏には前述の「Star Spangled Man」やクリストファー・レナーツらによる新曲を加えて米国のディズニーワールドの出し物として期間限定公演が実現している。

奇しくも3曲ともキャップ絡みのナンバーであることに注目してほしい。これまで『アベンジャーズ』を冠した映画のストーリーラインに直接関わっていたヒーローはソーであり、トニー・スタークであり、ガーディアンズ・オブ・ギャラクシーだった。しかしアベンジャーズのリーダーはあくまでキャップであることを音楽が証明しているのだ。『インフィニティ・ウォー』と『エンドゲーム』の二部作のスコアを『キャプテン・アメリカ／ザ・ファースト・アベンジャー』を手がけたアラン・シルヴェストリが担当した理由も、そこにある。

逆に言えばスティーブがアベンジャーズから去ったことで、次作以降の『アベンジャーズ』のサウンドトラックの音楽性ががらりと変わる可能性が高い。おそらく新たなリーダーの単独作を手がけた作曲家がその任務を追うのだろう。それが誰になるかを今は楽しみに待ちたいと思う。

世界ヒーロー紀行

ヒロシニコフ

アメコミ映画が軽視され「所詮はコスプレじゃん」と鼻で笑われていた時代から幾星霜。街ゆく若者はマーベルのシャツに身を包み、もはやファッション化を果たしたと思えるまでにMCUは浸透した。アメコミ映画がマイナージャンルとみなされていたあの日々は今や過去。ドッグ・デイズ・アー・オーヴァー。しかし、華々しく世間に受け入れられたヒーロー映画たちの影に、今なお石の下でウゾウゾと蠢いている多くの映画がある。本稿ではMCUに追い付け追い越せ！　の勢いで世界進出を狙っている（であろう）世界中のヒーロー映画たちを紹介したい。

まずは日本の反対側にあるお国、ブラジル発のコミック原作映画だ。ブラジルにおける政治への怒りから描かれたコミック『O Doutrinador（覚醒者）』は2013年にインターネット経由で公開されるや否や、大きな反響を呼んだ。汚職政治家を殺害しまくるヒーロー……と言うよりもテロリストに近いこの私刑執行人は瞬く間に支持を集め、映画化ま

COLUMN

で果たした。それが『ケルベロス 紅の狼』(18)である。娘を汚職政治家に殺された特殊部隊の隊員、と主人公の設定を述べると「パニッシャー」を思い出さざるを得ないが、政治家に的を絞って正義の鉄槌を下すのが独自性か。トレードマークである赤く目が光るガスマスクもインパクト大。実写化にあたって、目が光るケレン味が増幅されておりビジュアルとして満点。さらに暴力描写も健在だ。汚職政治家の顔面が吹っ飛ばされるバイオレンス描写が容赦なく描かれる。原作の持ち味を日和ることなく実写化した本作もまた高い評価を受け、映画を補完するミニシリーズが製作されるに至った。質の高い作品なのだが、ビジュアルが仇となり、某有名作に便乗した邦題となったのがなんとも……惜しい!(うまい!)

ブラジルに次いでコーヒーの生産量を誇る国、それがマレーシア。この国にもヒーロー映画がある。その名も『Cikak Man』(06・未)。ヤモリの力を手に入れた主人公が「シカクマン」となり、悪の科学者を相手に奮闘するアクション・コメディだ。骨子は『スパイダーマン』(02)のパロディだが、ヤモリの鳴き声を出し、虫を食べようとする主人公の姿はむしろ『ザ・フライ』(86)に近い気持ち悪さがある。演出は全体的に大味極まっており、有名なハリウッド映画のパロディと登場人物がダミ声でがなり立てるギャグのみで本編が構成されていると言っても過言ではない。この騒々しさたるや、もはやイラつきを覚えるほど。だがこれがウケるのがお国柄というものか。興行的には成功を収め、続編

2作が製作された。ちなみに本作を監督したのはマレーシアにおける有名音楽グループのメンバー、ノーマン・アブドゥル・ハリム。音楽業での成功を基にエンタメ企業「KRUスタジオ」を設立。本作の興収で弾みをつけ、ブリタニー・マーフィ出演映画に出資しハリウッド進出を果たした。やっぱりヤモリって縁起のいい生き物なんだなあ。

ヤモリが生息できないほどに寒い国、スウェーデンからもヒーロー映画が排出されている。『RENDEL レンデル』(17)はイェッセ・ハーヤ監督が自ら創造したオリジナル・ヒーロー映画。悪徳企業を内部告発しようとした科学者は返り討ちに遭い、妻と子供を殺害される。彼は皮膚に貼りついたら剥がれない特殊コールタールを顔面に塗り付け、漆黒のアスファルト男と化し復讐を誓うのだった。全体的に作劇は丁寧だが、いかんせん跳ねが少ない印象。つまり地味。ただ、主人公が悪党を挑発するシーンが妙に印象に残る。鉄片で悪党の高級車をガリガリと傷つけるのだ。確かにそれをされたらキレるけど。ヒーローのやることじゃないよ! そんなわけで嫌がらせ力はどのヒーローよりも高い、と個人的に格付けしたレンデル、続編も計画されていたが制作には至らなかった。「車ガリガリ」再びか? と胸を膨らませていただけに残念である。

自転車でスウェーデンまで愛する人を追った実話があった記憶。それもなんとインドから! そんなわけで強引にインドのヒーロー映画『クリッシュ』(13)の話へと持ってい

COLUMN

こう。『ロボット』(10)の日本公開以来、爆発的な盛り上がりを見せたボリウッド映画。その渦中で日本にやってきたのが本作だ。いざ観てみると、冒頭から『E.T.』(82)と『未知との遭遇』(77)を煮込んでラブコメにしたような展開で驚愕。さらに、その展開は10分程度で終了。ヒーロー誕生譚へと繋がるブラストビート顔負けの高速展開が繰り出され愕然。とどのつまりに『Krrish 3』とタイトルが出てくるので悶絶。なんとシリーズの三作目がいきなり日本に輸入されてしまったのだ。冒頭は前二作のダイジェスト映像だったわけで。しかしこのシリーズ、冷静に眺めてみると物凄い経緯を辿っている。一作目がSFラブコメ、二作目以降がヒーロー映画なのだ。一作目『君を探してた』(03)から二作目『クリッシュ 仮面のヒーロー』(06)へのドリフト走法的な舵の切り方は常人の理解を超えているように思えるが、当時『スパイダーマン』を筆頭にアメコミ映画ブームが来ていたので、それを考えると納得である。……そんなわけねえよ?! かくして燃える商魂と共にアクロバティックな方向転換を遂げたシリーズであるのだが、いずれも出来は良く、長尺ながら飽きさせない演出がタップリ。『クリッシュ』の内容はどう贔屓目に観ても『X-メン』(00)からのイタダキなのだが、そんなことが些細に思えるほどにピュアな映像的快楽が満載だ。公開順が逆とはなったが、一作目と二作目が日本に入ってきたのも納得である(配信のみ)。

ヨーロッパの地理学者が「インド亜大陸の先にある島々」として命名した国がインドネ

シア。この国にはスライディングする勢いで、露骨にMCUの柳の下のドジョウを狙ったコミック出版社がある。それが「ブンミラゲット」。千人以上の地場コミック・ヒーローを有している。ブンミラゲットは「ブンミラゲット・シネマティック・ユニバース(BCU)」を掲げて自社ヒーローの映画化を計画。その第一作目として放たれたのが『グンダラ ライズ・オブ・ヒーロー』(19)である。メガホンを取ったのは『悪魔の奴隷』(17)などで知られるインドネシアン・ホラー界の至宝ジョコ・アンワル。驚きの人選だが腕は確かだ。雷の力を持つ同社の看板ヒーロー「グンダラ」のオリジン・ストーリーを国内における社会問題や、ソリッドな格闘描写を絡めて描き出してみせた。銃社会のアメリカに対し、角材を手にワラワラと襲い来るインドネシアの悪党たちは生々しい野蛮さに溢れており「この国にはヒーローが必要だ!」と思わせてくれる。絶対に痛いからね。角材で殴られたら。映画自体はウェルメイドだが、ユニバース構想に繋げる色気もタップリ。終盤で唐突に登場するグンダラを助ける謎の美女は、BCU次作の主人公「スリ・アシ」。いわばインドネシア版ワンダーウーマン。こちらはまだ日本未公開ながら『Sri Asih』(22・未)として2022年に現地公開済み。さすがにMCUほどのペースとはいかぬまでも、着実にユニバースを広げている。現時点で8本の映画の製作が決定しているのだが、果たして成功し、ブンミラゲット版アベンジャーズである「パトリオット」集結なるか。ヒッソリと楽

COLUMN

しみにしている次第だ。

マーベルとDCのように、ブンミラゲットにもライバル出版社が存在している。それが「スカイラー・コミックス」だ。ブンミラゲットよりも規模は小さいが、自社ヒーローの映画化はこちらの方が早かった。それが『ヴァレンタイン ヒーロー誕生』(17)である。特殊能力を持たず、格闘技シラットを駆使して戦う女性ヴィジランテに応援の心が止まらない佳作となっている。ちなみに、こちらもユニバース構想があった様子だが一作で潰えてしまったようだ。本作が『ザ・レイド』(11)に端を発するシラット映画ブームに乗って日本上陸を果たしたことを、喪われたユニバースへの餞《はなむけ》としたい。

さて、いかがだっただろうか。紙幅の許す限り世界のヒーロー映画をアッセンブルさせてみた。こう並べてみると、どの国にもヒーローは存在していることが分かる。それは人種や立場を超えてあらゆる人々が心の底では純粋な正義を欲していることの証左ではなかろうか。自分の深奥にある正義への憧憬、それを認め、この世界が少しでも良くなるように他者への優しさを持ち、誇りある生き方をしようじゃないか。そうすれば、ひとりひとりがヒーローになれるんだ。……そんなわけで筆者はこれから毎日お手製のコスチュームに身を包んで、ノコギリ片手に町内の平和を守る自警団活動に精を出そうと思う。悪党は容赦なくバラバラにして公園に捨てるぜ。ステイ・ジャスティス!

対談

混迷！マーベル・DC　アメコミ映画の現在地

「アベンジャーズ幻想はそろそろ捨てて、一本一本面白い映画が見たい」

てらさわホーク／柳下毅一郎

ヒーロー映画疲れの現在

てらさわホーク（以下、**ホーク**）「混迷！マーベル・DC アメコミ映画の現在地」という特集でございます。いきなり「混迷！」と言ってますけれども。

柳下毅一郎（以下、**柳下**）（笑）

ホーク　マーベル・スタジオズもDCフィルムズも頑張ってはいる。けれどもやはり昨今、一時期ほどのテンションが……。

柳下　こっちのテンションという問題もありますが。

ホーク　観客側のテンションが若干下がってきた。

柳下　ヒーロー映画疲れだの、マルチバース疲れだの言われてますが、ヒーロー映画も本数が多くなりすぎてついていけない。かつて『インフィニティ・ウォー』に向けて、何を観なきゃいけないのかとか散々聞かれましたからね、僕も。何も観なくていいよ！とか言ってたんですけど（笑）。そうは言っても皆さん『アイアンマン』の1と2を観て……みたいなことになるわけじゃないですか。それがここへ来てさらに本数が増えて、めんどくさいことになっている。

ホーク　今日は前半で主にマーベル・スタジオのお話、後半戦でDCフィルムズのお話。ということでまずはマーベル作品。2021年頭から現在に至るまで。

柳下　フェーズ4からですね。

ホーク　これでもたった2年半の話ですよ。

柳下　2年半で映画が9本なら、まあ普通かなと思うんですけど。そんなに「疲れ」って言われるほど多いわけじゃないよね。配信シリーズが問題なのかな。

ホーク　パンデミックがありましたから、映画作品に関しては若干ペースダウンした。かわりにディズニープラスで配信をずいぶんやりました。実はここには『アイ・アム・グルート』という、5分くらいの短編シリーズは入れていないんです。それまで含めたら2年半で21本！　映画、ストリーミング作品合わせて約1.5ヶ月に一本新作がやってきていたと。

	映　画	ド　ラ　マ
フェーズ4	『ブラック・ウィドウ』2021/7 『シャン・チー / テン・リングスの伝説』2021/9 『エターナルズ』2021/11 『スパイダーマン：ノー・ウェイ・ホーム』2021/12 『ドクター・ストレンジ / マルチバース・オブ・マッドネス』2022/5 『ソー：ラブ＆サンダー』2022/7	『ワンダヴィジョン』2021/1 『ファルコン＆ウィンター・ソルジャー』2021/3 『ロキ シーズン 1』2021/6 『ホワット・イフ ...? シーズン 1』2021/8 『ホークアイ』2021/11 『ムーンナイト』2022/3 『ミズ・マーベル』2022/6 『シー・ハルク：ザ・アトーニー』2022/8 『ウェアウルフ・バイ・ナイト』2022/10 『ブラックパンサー / ワカンダ・フォーエバー』2022/11 『ガーディアンズ・オブ・ギャラクシー ホリデー・スペシャル』2022/11
フェーズ5	『アントマン＆ワスプ：クアントマニア』2023/2 『ガーディアンズ・オブ・ギャラクシー：VOLUME 3』2023/5 『マーベルズ』2023/11	『シークレット・インベージョン』2023/6

柳下　それは疲れますよ。しかもね、これも言いたかないけど、テレビシリーズの方は、最初の何本かは大変面白かったんですよ。それがどこか途中からですね、わりと「まだやってますか……？」みたいになってきた。

ホーク　そんなストリーミングシリーズの最新作が『シークレット・インベージョン』。

柳下　『シークレット・ウォーズ』とは違うのか。そちらは映画でしたっけ。

ホーク　そうです。いずれ『シークレット・ウォーズ』という、『アベンジャーズ』シリーズ7作目になるのかな。超ド級のやつがやってきます。そこを目的地にしているフェーズ5、映画はもうすでに2作品。ストリーミングはこの『シークレット・インベージョン』が1本目です。変身擬態能力を持つスクラル人、『キャプテン・マーベル』という作品で初登場しました。かつてニック・フューリーができない約束をしたせいで、このたび一部スクラルの皆さんが激怒しまして。

柳下　結局フューリーは、約束はしたけど俺の手に余ると。安請け合いをしただけだったということ？　ひどい奴だな、まったく（笑）。怒るよそれはスクラルも。

ホーク　納得のいく説明はあんまりなかったですね（苦笑）。スクラルが新たに定住できるような物件が「なかったです、すんません！」と。

柳下　どこかあるだろうよって思うんだけど（笑）。割とあの人たち簡単に宇宙船とか作っちゃうからさ、気軽に。

ホーク　そうなんですよ。しかも放射性物質に対して免疫がある、というとおかしいですけど、影響を受けない。便利ですね。

柳下　みんなチェルノブイリに住んでたんですよね。

ホーク　そんな彼らの住処を見つけられなかったので、ニック・フューリーが恨まれております。

柳下　これは話としては『マーベルズ』に続くんでしょ。でもドラマの結末はあまり関係なかったりするんじゃない？　映画には。

ホーク　そうですね。

柳下　何をやっても結局映画のストーリーにあんまり関係ないんじゃ意味ないじゃないか、みたいな話になっちゃうんですけど。

ホーク　う〜む。一応今回のあらすじを簡単に解説しますと、異星人スクラルの一部勢力が人間社会に入り込みます。彼らは変身、擬態ができますからね。内側から知られざる侵略計画を実行すると。そんな陰謀にニック・フューリーが一人、老体に鞭打って立ち向かうというシリーズでございました。

柳下　ツッコミどころはいっぱいあってさ。さっさとアベンジャーズ呼べやっていう（笑）。「いや、ここは俺が起こした失態だから、ちょっとキャプテン・マーベルにケツ拭いてもらうのは申し訳ないんで」っていう、それはその通りだけど、キャプテン・マーベル呼んだ方がいいよ。

ホーク　そうなんですよね。『シークレット・インベージョン』というこのシリーズですけれども、もともとは2008年に同題の一大コミック・シリーズが刊行されました。そこでもやはりスクラル人が大規模侵略作戦を起こします。アベンジャーズやX-メンが人知れずスクラルにとって代わられているという、ユニバース全てを巻き込んだ一大イベントであったわけです。一体誰が本物なのか、入れ替わられてるのかわからない。そういうサスペンスもありつつの、巨大なスケールのお話だったわけですが、ところが今回は打って変わって……

柳下　地味（笑）。

ホーク　その地味さを逆手に取って、渋いSFスリラーというかスパイスリラーみたいな、そういうものを期待してたんですよ。実力派キャストも揃っていますし。

柳下　フューリーが宇宙のどこに行こうがいいんですけど、この人がいままで何をやっていたのかが全然わからないんだよ。普通、嘘でもいいから「出張でさ……」とか言ってお土産とか持ってくるもんでしょ。

ホーク　スパイダーマン二作目『ファー・フロム・ホーム』のエンディングで、宇宙ステーションみたいなとこでくつろいでいました。今まで何をやっていたという明確な説明は、あそこしかない。

柳下　ダラダラしてただけか（笑）。

ホーク　しかもフューリーはスクラル人の皆さんに、「君たちの安心して暮らせる里を見つけてあげるからね、その代わり僕の言うことを聞いてちょうだい」と。彼らの変身能力をフル活用して、様々な政府機関や警察機関など重要な場所にどんどん送り込んで情報を得ていた。完全に利用していたわけです

柳下　悪人ですよね（笑）。もともとフューリーはそういうところはあるんですけど。一応これまでは、地球人は馬鹿だし内輪もめばかりしてるから、宇宙人とか来ると大変だから、そこら辺は超法規的な感じでやりますよとやってきたわけじゃないですか。しかし今回に至って、超法規的かもしれんけど何の役にも立ってないやんけっていう。

ホーク　立ってなかったですね……。

柳下　その言い訳を延々と聞かされるこっちの身にもなってくれと。

ホーク　あんた何してたのって言われてね。

柳下　ちょっと顔出せなくて申し訳ないです、みたいなね。

ホーク　何してたのって詰められても、「寝てました！」とか言うわけにもいかないですからね。すごく胃が痛くなるシチュエーションですけど。

柳下　『シークレット・インベージョン』というドラマを何で作ったかっていうと、今後の前振りとして、スクラルという存在を印象付けておこうということだと思うんですよ。それにしてはスクラルに同情するばかりでさ。こんな目にあったらそれは怒るよねと。

ユニバースの足かせ

ホーク　しかしスクラル人たちが今後のシリーズにそこまで絡んでくるのかというと、そうでもないような気もするのです。「マルチバース・サーガ」と謳って、多元宇宙を巻き込んだ一大戦争が起こっていくというシリーズに、後々彼らが出てきて何かする余裕があるのだろうか。シリーズ間、作品間のつながりというよくも悪くもMCU作品の売りのはずであったものが、最近ちょっと……。

柳下　逆に足かせになってる感もあるよね。

ホーク　たとえば『ドクター・ストレンジ：マルチバース・オブ・マッドネス』製作陣が、（同作と密接な関係があるはずの）『ワンダビジョン』を「途中までは観ました」と。

柳下　そんなことだから作品間の辻褄が合わなくなる。『インフィニティ・ウォー』『エンドゲーム』のあたりまでは、あそこであれをやってみたいなことを厳密に考えていたから、大体のタイムラインは作ってやってるよね。そういうことはきっちりやってきたのに、今や「細けぇことはいいんだよ！」状態になっている。

ホーク　配信シリーズと映画は、縦割り行政みたいなところがあるのかな。

柳下　特に並行して作る状態だと秘密保持の問題があって、『エンドゲーム』の時あたりは本当に全体の脚本もみんな知らないみたいな状態だったわけですよね。スタッフとか俳優ですら、脚本も知らない状態でやってたわけで。まして他のストーリーの、進行中の脚本とか知ってるわけはない。

ホーク　秘密主義があまりにも行き過ぎて、スタジオ内での連携も取れていないと。

柳下　それ以前に『シークレット・インベージョン』について本当によく分からないのは、スクラルが地球人に擬態するのに、その本人を誘拐してこないといけない。本人を生かしておいたうえで記憶をコピーして、本人になりきるというんだけど。別にそこまでしなくてもよくない？

ホーク　そうですね。形だけの擬態はいくらでもできるはずなので。ただやはり、どこか中枢に入り込んで要人になりきるためには、何かあった時に……。

柳下　置いとかなきゃいけないんですか。本人の知識とかを全部吸い取っちゃったら、もう殺していいんじゃないかと思うんですけどね。

ホーク　確かに。別に細かい、野暮なことを突っ込もうってんじゃないんですよ？　ただいかにも細部に、作り手の気の使ってなさが現れている。そこには苦言を呈した方がいいんじゃないかと。さらってきた人間をチェルノブイリで監禁しているでしょ。スクラル人は放射能に強いから、チェルノブイリに隠れてるっていうのは理にかなっている。でも誘拐してきたオリジナルの人間をそこに囲っていたら、すぐに死んでしまうのでは。

柳下　放射線防護をちゃんとしてるようには見えなかったよね。

ホーク　なんというか……雑？

柳下　いかにもコミックの雑さではあるんですけど。でも最近俺は、コミックぽさっていうのはそれはそれでいいんじゃないかと。漫画映画らしさでちょっと喜んじゃうところもあるわけですよ。映画の大スクリーンで、しかも大予算のブロックバスターで漫画なことやるのは興奮するんですけど、テレビシリーズとかでやられると、それは単に貧乏なだけじゃんっていう。

ホーク　本当にお金がないのか？　あるいは真面目に考えていないのか？　そんなことになってしまいますよね。フューリーが宇宙で何をやっていたのかということは、今度やってくる『マーベルズ』という映画で描かれるんじゃないでしょうか。その『マーベルズ』、予告を見ると分かりますがキャロル・ダンバーズ／キャプテン・マーベルとモニカ・ランボー、それからミズ・マーベル／カマラ・カーン。この3人が能力を使うと……。

柳下　入れ替わっちゃう。

ホーク　『マーベルズ』はすごく短いらしいですね。1時間半ちょっととか。

柳下　コメディなんでしょ割と。

ホーク　軽妙な感じということなんですけど。

柳下　『マーベルズ』には普通に期待してますね。『ミズ・マーベル』も面白かったし。ドラマシリーズは映画へのつなぎで、新しいキャラクターを紹介して、次の映画で活躍してもらいますよっていう、仕込みだけしときましょうかみたいなところがね。観ても観なくてもいいのかなみたいな感じに。

ホーク　そんなこともあって、ディズニーCEOのボブ・アイガーが「ちょっと考え直そう」と。この方はCEOに返り咲いた形になるわけですね。前体制ではディズニープラスの配信の本数を増やすだけ増やして、過剰供給になっちゃった。その結果もうオーディエンスの集中力も関心も下がっちゃったよね、と。

柳下　これはマーベルだけの話じゃなくて、もっと大きなものがあるんじゃないかな。

ホーク　という話をこの人もしていて、その中で特にマーベルというのはそのいい例だよねと。

柳下　いやいやマーベルじゃなくてよ、もう1個あるじゃないか、クズみたいなシリーズばっかり出してるフランチャイズがよ！

ホーク　（笑）。とにかく供給過多になって、観客のMCU疲れが起こった。あるいはスタッフにかかる負担も大きくなっちゃった。まあでもよく言うぜって感じですよ。作品数が多すぎるって、こっちだって知ってたよ！　社長人事で、前任者のやってたことはいかがなものか、ワシが変える！　みたいなそういうもんだとは理解してますけど。だからって何言ってんだよ。

柳下　本当だよ（笑）。大金もらって偉そうに。こっちは金払ってるんだからね。

今後のMCU

ホーク　とにかくようやく目が覚めたっぽいので、もうちょっとこれからはなんとかなるんじゃないでしょうか。そんなわけでこれからのマーベル・シネマティック・ユニバース。24年5月『デッドプール3』、7月『キャプテン・アメリカ ブレイヴ・ニュー・ワールド』、12月『サンダーボルツ』。『マーベルズ』の後は『デッドプール3』ということで。

柳下　急にゆっくりなペースになりました？　だいぶ空くけど、これはストのせいじゃないよね？

ホーク　それもあるんでしょうかね。ストもあれば会社的なスケジュールの立て直しもあるでしょうし。

柳下　『デッドプール3』はキャスティングの情報もそこそこ出てますね。デッドプールだから、面白いんじゃないの。普通に期待してます。キャプテン・アメリカも『ファルコン&ウィンター・ソルジャー』以来ってことですか。

ホーク　あそこからダイレクトにつながっている。

柳下　これは楽しみですね。『エターナルズ』のことばかり槍玉にあげてて申し訳ないんですけど、投げっぱなしじゃないかという設定がいろいろあって。中でも『ファルコン&ウィンター・ソルジャー』の話が一番気になっててね。あれの敵は、指パッチン前に戻してくれなくてよかったんだ、そのままでよかったんだ俺たちはっていう人たちじゃないですか。人間が減って、その減った世界で必死で適応して頑張ってきたのに、ハルクが余計なことしやがったせいで、5年前から能天気な連中が戻ってきちゃったじゃないかと。その間ずっと頑張ってきた俺たちの主体性を無視すんなっていうさ。

ホーク　一つの架空の巨大な世界を、しかも様々な作品で多面的に描いてきたわけですよね。その中で大事件が起こったら、それが様々なことにどう影響していくのか。世界の有機的なダイナミズムみたいなものを見られるのがいいところであったはずで。

柳下　ドラマの良さはそこにあって、映画で補完できなかったことをドラマシリーズで、ちょっと少ない予算ですぐできる。そういうことで最初はやってたんですよね。そっちをちゃんと追求してほしかったんだけど、ちょっと違う形での補完になってきちゃったかな。

ホーク　しかし『キャプテン・アメリカ』最新作とか、あるいは『サンダーボルツ』という映画でいよいよ『エターナルズ』が置いていった問題、海に浮かぶ巨大な頭と手、セレスティアルの残骸問題がようやく回収されるような噂を聞いております。

柳下　なんと、ついに。

ホーク　それからまだまだ好企画が目白押し。『ブレイド』（25年2月）と『ファンタスティック・フォー』（25年5月）。これは柳下さんがお待ちかね。

柳下　待ってます！

ホーク　あとドン・チードル主演『アーマー・ウォーズ』（公開日未定）。さらに配信シリーズもまだあります。いろいろあって『アベンジャーズ／カーン・ダイナスティ』（26年5月）、『アベンジャーズ／シークレット・ウォーズ』（27年5月）という二部作。

柳下　だいぶ先だな。ここでマルチバース・サーガが終了。

DCユニバースのリブート宣言

ホーク　ということで前半戦、MCUについてはこんなところで、後半はDCです。DCフィルムズがDCユニバースという名前でやっていくよと。『ザ・フラッシュ』で完全リブートするとジェームズ・ガンが言ってましたけどね。

柳下　あれの後が『アクアマン』じゃねえかよ！

ホーク　「DCユニバースの一大リセットはここから始まる」と言っていましたが。結果ちょっとしたパラレル・ユニバースみたいなものができて、そこではジョージ・クルーニーがバットマンだという。

柳下　『アクアマン』もなんとなくやって、なんならガル・ガドットも出るらしいとか。

ホーク　ガル・ガドットさんもいま、ワンダーウーマンの話はしているみたいなことを匂わせてますからね。パティ・ジェンキンス監督だけが追い出された格好で不憫だと思うんですが。

柳下　こないだのはしょうがないかなっていう気はしないでもないんですけど（笑）。

ホーク　『ワンダーウーマン1984』。あれはあれで、なんですけど……でもちょっとね、確かに。ジェンキンズさんはDCからは「あなたの『ワンダーウーマン3』はちょっとうちの方針に合わないんで、お引き取り願いたい」と言われ、キャスリーン・ケネディには「あなたに『スターウォーズ』任せるから」と言われてたのに、「やっぱりやめた！」と言われたり。才能はあるはずなのにどうしてこうなのか。

とりあえずその一大リセットの前にあと2本残っているんですね。まずは『ブルー・ビートル』。これが8月中旬には全米公開でなかなか評判もよろしい。宇宙から来たスカラベに寄生されて超能力を手に入れた青年の物語ということです。『ブルー・ビートル』というのは39年にチャールトン・コミックスでデビュー。

柳下　『ウォッチメン』のナイトオウルの元ネタというか、『ウォッチメン』になる前に最初にアラン・ムーアが書いたプロットではこの人が出るはずだった。

ホーク　そこから80年代にDCに移籍。なかなか歴史のあるキャラクターではある。監督はアンヘル・マヌエル・ソトさん、主演のショロ・マリデュエニャは『コブラ会』の方です。というところからもお分かりのようにヒスパニックのヒーロー映画となる。

柳下　日本公開未定なんだよね、なぜか。これは別に秘密にしてるわけでも何でもなくて私のところにも何の情報も聞こえてきません。

ホーク　それから『アクアマン・アンド・ザ・ロスト・キングダム』、シリーズ第2作がようやくこの12月全米公開予定。

柳下　これも延々と撮り直しとかやってるんだよね。

ホーク　舞台設定や物語の展開が『ザ・フラッシュ』を受けたものになるかどうか気になるところですけど。『アクアマン』新作の監督は大ヒットした前作と同じで、いつもご機嫌な映画を撮ることでお馴染みのジェームズ・ワンさんです。しかし罪作りなフランチャイズだなぁと思いますね。撮り直しだ、追加撮影だ、で3億ドルぐらいかかっちゃって。

柳下　絶対リクープできない額になりつつある。いや、『アバター』みたいなこともあるから絶対とは言いませんが。

ホーク　しかしめちゃくちゃ超大ヒットする未来はちょっと見えないですよね……。

柳下　してほしいけど、多分コケる。コケるというか『ザ・フラッシュ』も言われたほどコケてたわけじゃない。

ホーク 回収はできているぐらいです。

柳下 コロナもあり、撮り直しのせいもあって制作費がかかりすぎたんでリクープできないことになった。それで結論としてはコケた作品になっちゃう。

ホーク 『アクアマン』第2作目でもって僕らの知ってるDCユニバースとはさようなら。本作が今後のなにかにつながることはないですって言われちゃうと。

柳下 それを見る側の立場はと思っちゃうよね。

ホーク すごい消化試合感が。まあここまで付き合ったからねえ、みたいなテンションにはなりがちですよね。

柳下 それは本当に諸刃の刃であって、そもそも最初にアベンジャーズ計画があるんじゃー！とか言い始めた時にさ、「ええっ？」と思ったじゃないですか。『アイアンマン』はヒットしたかもしれない。でも「次は『キャプテン・アメリカ』をやります」「ちょっとそれ大丈夫なの……？」「次は『ソー』をやります」「神様が地球に落ちてくる話ですけど、大丈夫なんですかそれ」。ホップ・ステップ・ジャンプのどっちかがコケたら終わりなわけで、それ本当にやるの？と思ったわけですよ。そんなすぐ崩れそうな踏み台を飛んで大丈夫なのと思ったらなんと奇跡の大成功。特に『ソー』に関しては本当にシャッポを脱いだ。本当に疑うようなこと言って申し訳なかったと思ったぐらい映画もよくできていたし、ヒットもしたしね。ヘムズワースはスターになったし、すごいなと思ったんですけど、今後そういうことが起こるかっていうことなんだよね。

ホーク 本当にマーベル・シネマティック・ユニバースのフェーズ1が奇跡を起こしたのを全世界が目撃しましたもんね。そんなにうまくいくはずないだろと言っていたら、2012年の『アベンジャーズ』の大爆発。誰も見たことがない一大フランチャイズが、まさかと言われながら出来上がっていく過程も含めての一つのエンターテインメントだったと思うし。

柳下 そうなんだよね。

ホーク そんな奇跡が何度も起こるだろうかっていう。しかも旧DC映画ユニバースは「同じことやってもしょうがないんで、一人一人の単体映画を積み上げるなんてことは俺たちはしないんだ」と。で、「まず『ジャスティス・リーグ』をやります。単体はそれから」ってね。逆ならいいのかっていう。

柳下 それにちょっと安牌を狙いすぎじゃないの。やっぱ『グリーン・ランタン』をやってこそでしょう。『グリーン・ランタン』から逃げちゃダメなんじゃない？ 私はずっと延々とMCUに関して『ファンタスティック・フォー』から逃げるなという話をしてるわけですが、それと同じで『グリーン・ランタン』から逃げちゃいけない。

ホーク　確かにちょっとね。冒険が足りなかったのかも。

柳下　ダサいけどこれがアメコミだという漫画映画。漫画から逃げちゃいけない。

ホーク　『ジャスティス・リーグ』でちょっとつまずいたDCユニバース（当時は何となくDCエクステンデッド・ユニバースと呼ばれていた）ですが、『ワンダーウーマン』からの『アクアマン』という単体作品が相次いで大ヒットして、大いに褒められました。これがしんねりむっつりという路線じゃなく。

柳下　明朗快活なね。

ホーク　どこか全日本プロレスを彷彿させる、そんな路線をせっかくあそこで見いだしたと思ったんだけどな。

新生DCユニバースの今後

ホーク　そんなこんなで新生DCユニバースもそろそろ聞こえてきました。第1弾はアニメーションのシリーズで『クリーチャー・コマンドーズ』。制作脚本はジェームズ・ガン。『ザ・スーサイド・スクワッド』や『ピースメーカー』に登場したキャラクターも続投すると。

柳下　アニメなんだ。

ホーク　露払いみたいな感じで、そこから始まるDCユニバース第1章として「ゴッズ&モンスターズ」というタイトルが出てきています。

柳下　どこかで聞いたことのあるタイトル（笑）。

ホーク　続いてそこからいよいよジェームズ・ガン監督作品『スーパーマン・レガシー』で新生DCUが本格発進だと。25年7月11日だからまだ先ですね。新スーパーマン役にはデヴィット・コレンスレッド——って誰だろうと思ったら『パール』のイケメン。

柳下　あの女たらし。

ホーク　若いスーパーマンの物語ですけど、オリジンストーリーではないと。

柳下　結構お笑いというか、スーパーマンのやばい部分、お笑いキャラみたいなのも出てくるとか。ザックのシリアス路線からはだいぶ変わって、明朗快活系っていう感じですね。

ホーク　そうあってほしいですよね。ザックのスーパーマンも時間を経て、僕もこれはこれでと思うようになったんですが、いかんせんやっぱり暗い。暗いというか何考えてるのか分からない。

なんならちょっとキモい。

柳下　やっぱり人を救わないのはダメだったんですよね。スーパーマンは人を救ってくれないと。そこがやっぱり根本的な勘違いで、地球を守るかもしれないけどそれは結果であって、まず人を救う。

ホーク　それと、ねっとりしっとりしすぎ。べつに単純馬鹿であってほしいとは思わないんですよ。もちろん心の奥底には怒りも悲しみも辛さもあるでしょうが、それをぐっと飲み込んで、世のため人のために明朗快活に戦ってこそスーパーマン。

柳下　10回に一回くらいでいいから、暗くなるのは。そりゃ心の中に闇を抱えてることは知ってますよ。誰でもそう。彼は宇宙でたった一人のクリプトン人なんだから。分かってるけどそんなことを全面的に出されてもなっていうことですよ。

ホーク　ザックの『バットマンvsスーパーマン』、いま見ると逆にいいですよ。もう2人とも陰々滅々として。陰キャが2人で殴り合って、最後はお母さんの名前が一緒で意気投合。

柳下　……すごい世界だよね。

ホーク　それはそれでやりきった感じはありますから。……やりきったのかなあ？　まあ新しいスーパーマンには、明るく楽しく激しいプロレスを見せてほしいというところですね。というところでDC映画の現在地は、まとめると……ちょっとまだわからない。

柳下　（爆笑）。ガンのDCUは『ブルー・ビートル』とか『スーサイド・スクワッド』と『クリーチャー・コマンド』とか、そっちのほうがメインの話として続いて、スーパーマンとかバットマンは時々出てくる神のような存在として通り過ぎていく。そんな感じになるんじゃないかな。ガンのやりたそうなこと、できることを考えるとそっちのほうがいいんじゃないかなと。

ホーク　持ち味的にはね。

柳下　今後の方針がわからんからね。今後のグランド・プランが見えないんで。

ホーク　まあクロスオーバーがユニバースものの醍醐味なんでしょうが、だからといって全員集合のチャンピオンカーニバルみたいな興行を毎度やらなきゃいけないかっていうと、決してそういうわけでもない。そこはアベンジャーズ幻想なのかもしれないですよ。そういう幻想はそろそろ捨てて、単体の映画でどうかという勝負をかけてほしい。1本1本面白い映画が見たいなという、すごく当たり前な結論になってしまいました。たいへん申し訳ございません！

（YouTubeチャンネル「Blackhole」２０２３年9月1日配信回より再構成）

プロフィール

木津毅
ライター。映画、音楽、ゲイ・カルチャーを中心に執筆。著書に『ニュー・ダッド　あたらしい時代のあたらしいおっさん』（筑摩書房）、編書に田亀源五郎『ゲイ・カルチャーの未来へ』(ele-king books) がある。

佐々木敦
HEADZ主宰。文学ムック「ことばと」編集長。芸術文化の複数の分野で活動。著書に『「4分33秒」論』『小さな演劇の大きさについて』『映画的最前線 1988-1993』『ゴダール・レッスン　あるいは最後から2番目の映画』『ゴダール原論——映画・世界・ソニマージュ』など。

侍功夫
映画ライターもするサラリーマン。

我が家の黒い愛猫「オコエ」の名前は『ブラックパンサー』最強近衛兵長オコエ姐さんからいただきました。

杉田俊介
批評家。『フリーターにとって「自由」とは何か』（人文書院）でデビュー、以後、障害者支援NPOで働きながら文芸評論や労働／貧困問題について著述。現在は執筆活動に専念。雑誌『対抗言論』編集委員。『安彦良和の戦争と平和』（中公新書ラクレ）、『ドラえもん論』（Pヴァイン）、ほか。

高橋ターヤン
ライター。『ムービープラスの副音声でムービー・トーク！』という番組に出演したり、不定期で映画木っ端微塵という映画紹介イベントをやってます。

てらさわホーク
ライター。著書『シュワルツェネッガー主義』（洋泉社）『マーベル映画究極批評』（イースト・プレス）。共著『ヨシキ×ホークのファッキン・ムービー・トーク！』（イースト・プレス）。

中沢俊介
翻訳家、ライター。映画『マーベルズ』のヒーロー三人のうち、二人が共闘するコミック『ミズ・マーベル：チーム・アップ』（小学館集英社プロダクション）の翻訳を担当。

長谷川町蔵
色々やってる文筆家。主な著書に「文化系のためのヒップホップ入門1〜3」（大和田俊之氏との共著）「インナー・シティ・ブルース」など。

ヒロシニコフ

残酷映画評論を中心に、書籍・雑誌・映画パンフレット・Blu-rayブックレットなどに寄稿。世界中のゴア・ホラーをリリースする地下映画レーベル〈VIDEO VIOLENCE RELEASING〉代表。好きなマーベル映画は『パニッシャー：ウォー・ゾーン』と『ゴーストライダー2』。

藤田直哉

批評家、日本映画大学准教授。1著書に『シン・ゴジラ論』『攻殻機動隊論』『新海誠論』（作品社）、『新世紀ゾンビ論』（筑摩書房）『シン・エヴァンゲリオン論』（河出新書）、『百田尚樹をぜんぶ読む』（杉田俊介との共著、集英社新書）ほか。

真魚八重子

映画評論家。朝日新聞、週刊文春CINEMA!、キネマ旬報、夜リラタイムなどで執筆中。『血とエロスはいとこ同士　エモーショナル・ムーヴィ宣言』（Pヴァイン）も絶賛発売中！

光岡ミツ子

翻訳家、ライター。主な訳書に『スパイダーグウェン』シリーズ、『シビル・ウォー／キャプテン・アメリカ：プレリュード』『ドクター・ストレンジ：プレリュード』（小学館集英社プロダクション）など。

森直人（もり・なおと）

映画評論家。１９７１年和歌山生まれ。著書に『シネマ・ガレージ～廃墟のなかの子供たち～』（フィルムアート社）、編著に『21世紀／シネマX』（フィルムアート社）、『ゼロ年代+の映画』（河出書房新社）ほか。「週刊文春」「朝日新聞」「シネマトゥデイ」などで定期的に執筆。YouTubeチャンネル『活弁シネマ倶楽部』MC担当。

柳下毅一郎

映画評論家・翻訳家。著書『興行師たちの映画史 エクスプロイテーション・フィルム全史』（青土社）、『新世紀読書大全 書評 1990-2010』（洋泉社）など多数。訳書にR・A・ラファティ『第四の館』（国書刊行会）、アラン・ムーア／J・H・ウィリアムズⅢ『プロメテア1～3』（小学館集英社プロダクション）、監訳書に〈J・G・バラード短編全集〉（東京創元社）など。

ele-king cine series
『マーベルズ』とマーベル映画の15年

2023年10月30日　初版印刷
2023年11月13日　初版発行

デザイン：シマダマユミ（TRASH-UP!!）

編集：大久保潤（ele-king books）

発行者　水谷聡男
発行所　株式会社Pヴァイン
〒150-0031
東京都渋谷区桜丘町21-2 池田ビル2F
編集部：TEL 03-5784-1256
営業部（レコード店）：
TEL　03-5784-1250
FAX　03-5784-1251
http://p-vine.jp

ele-king
http://ele-king.net/

発売元　日販アイ・ピー・エス株式会社
〒113-0034
東京都文京区湯島1-3-4
TEL　03-5802-1859
FAX　03-5802-1891

印刷・製本　シナノ印刷株式会社

ISBN　978-4-910511-60-3

表紙写真
© AmeriCantaro - stock.adobe.com